COURS ÉLÉMENTAIRE ET PRATIQUE

DE

TOPOGRAPHIE

PARIS. — IMPRIMERIE L. BAUDOIN, 2, RUE CHRISTINE.

COURS ÉLÉMENTAIRE ET PRATIQUE

DE

TOPOGRAPHIE

A L'USAGE DES

CANDIDATS AUX ÉCOLES MILITAIRES DU GOUVERNEMENT

PAR

Eugène LENFANT

LIEUTENANT D'ARTILLERIE DE LA MARINE

Ancien Élève de l'École polytechnique

PARIS

LIBRAIRIE MILITAIRE DE L. BAUDOIN

IMPRIMEUR-ÉDITEUR

30, Rue et Passage Dauphine, 30

—

1894

Tous droits réservés

COURS ÉLÉMENTAIRE ET PRATIQUE

DE

TOPOGRAPHIE

EXÉCUTION DES LEVÉS.

Instruments employés.

PRÉLIMINAIRES.

BUT DE LA TOPOGRAPHIE. — *La topographie est l'art de représenter le terrain avec tous ses accidents, en le projetant sur une surface perpendiculaire à la pesanteur en tous ses points. (C'est une surface de niveau.)*

Chaque point du terrain est représenté par sa projection horizontale, et par sa hauteur au-dessus d'une surface de niveau dont on connaît l'altitude par rapport au niveau de la mer (ou dont on se donne arbitrairement l'altitude).

Cette hauteur du point s'appelle sa *cote*.

Tous les points ayant même cote sont sur une même surface de niveau ; si on les joint par une ligne continue on obtient une *section horizontale du terrain*.

Mais si A et B sont des points dont on connaît exactement la position sur une carte, pour placer sur celle-ci un point **M** quelconque (*fig.* 1) il faut connaître :

I. *Sa distance au point* **A** *par exemple ;*
II. *L'angle de la ligne* **MA** *avec* **AB** *;*
III. *La cote du point* **M**.

Fig. 1.

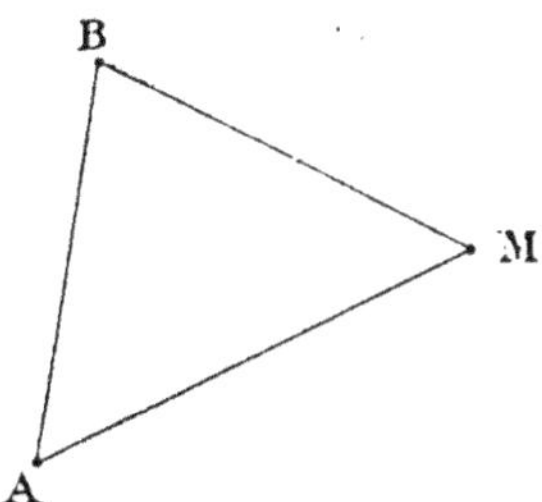

PLANIMÉTRIE. — Les données comprises dans les deux premières conditions embrassent une série d'opérations dont l'ensemble est la *planimétrie du levé*.

ALTIMÉTRIE. — La troisième condition se rapporte à l'*altimétrie*.

DES ERREURS. — Avant de passer à l'étude de la topographie, disons que nous devons employer des instruments plus ou moins parfaits, dont nous contrôlerons les renseignements à l'aide de nos sens : ouïe, vue, toucher, etc. Ceux-ci sont plus ou moins parfaits aussi.

Il s'ensuit que nos mesures seront entachées d'inexactitudes ou d'erreurs.

Ces erreurs sont dites *systématiques* lorsque leur cause peut être définie, assignée.

EXEMPLE : Mesure d'une distance avec un mètre

trop court. On peut facilement évaluer cette erreur et la retrancher de la distance mesurée.

Les erreurs sont dites *accidentelles* quand on ne peut définir leur cause et lorsqu'elles ne suivent aucune loi.

La théorie montre que, si e_a est la plus grande erreur accidentelle d'une opération bien faite, *il est probable que l'erreur accidentelle totale ne dépasse pas* $e_a \times \sqrt{n}$ *sur* n *opérations.*

EXÉCUTION D'UN LEVÉ. — L'exécution générale d'un levé exige qu'on choisisse un certain nombre de points particuliers de la région, formant les sommets d'un polygone, et tels qu'on puisse en voir trois au moins de chaque point du terrain et surtout de chacun d'entre eux; ces points sont relevés en distance et en altitude avec un soin particulier.

On obtient ainsi le *canevas du levé.*

Les détails du terrain sont rattachés à ce polygone et à ses sommets par des opérations et des mesures qui constituent le *levé des détails.*

PLANIMÉTRIE.

Procédés de levés.

CAS DU CANEVAS.

1º LEVÉ AU MÈTRE. — On décompose le terrain en triangles dont on mesure les côtés.

C'est le cas des levés des massifs de bâtiments.

2° CHEMINEMENT. — On répartit les points du canevas sur le terrain suivant les sommets d'un polygone dont on mesure les angles et les côtés (*fig.* 2).

Ainsi on mesure AB, BC, CD, DE, EF et les angles $\widehat{BAN}$, $\widehat{ABC}$, $\widehat{BCD}$, $\widehat{CDE}$, $\widehat{DEF}$, $\widehat{EFA}$ (NS est la direction de l'aiguille aimantée, nous verrons pourquoi).

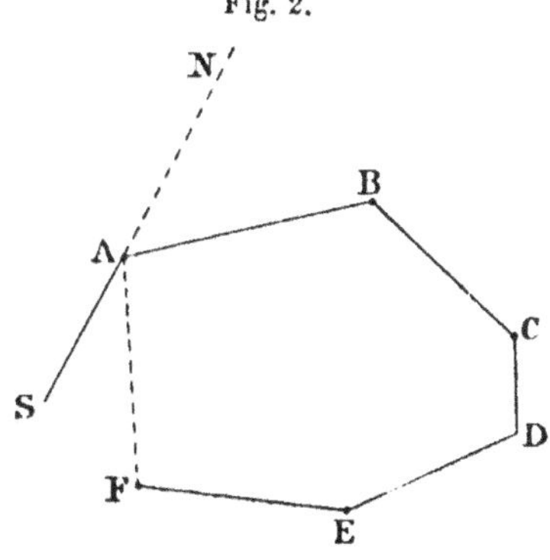

Fig. 2.

Il faut, si l'on mesure l'angle $\widehat{FAB}$ pour vérifier l'opération, que l'on ait identiquement :

$$\widehat{FAB}+\widehat{ABC}+\widehat{BCD}+\widehat{CDE}+\widehat{DEF}+\widehat{EFA} = (n-2)\times 2\text{dr.}$$

Si la somme des angles n'est pas égale à $(n-2)$ dr., il y a une *erreur de fermeture* du polygone et celle-ci ne doit pas dépasser une valeur d'angle donnée.

Cette erreur est de 25 minutes centésimales environ pour un polygone de 8 à 10 côtés.

3° INTERSECTION. — On détermine un point C du canevas (en supposant qu'on en connaisse trois autres A, B, D sur le dessin), en se portant en A et en B, et en mesurant la longueur AB et les angles $\widehat{CAB}$, $\widehat{CBA}$ de l'espace, que l'on porte en $\widehat{CAB}$ et $\widehat{CBA}$ sur le dessin à l'aide d'un rapporteur en grades. Les droites BC, AC se coupent au point C (*fig*. 3) cherché.

Fig. 3.

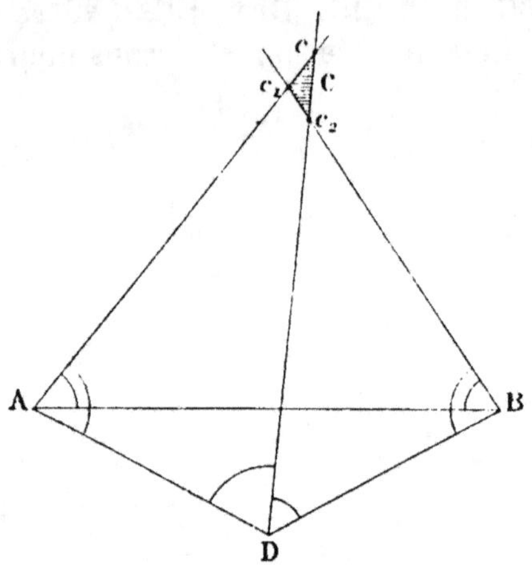

Mais on peut faire l'erreur de 25 minutes centésimales sur les angles $\widehat{ABC}$, $\widehat{BAC}$; alors le point C ne sera pas exact.

Pour corriger cette erreur, on se porte en D et l'on mesure les longueurs AD, BD et les angles $\widehat{CDB}$, $\widehat{CDA}$. On trace sur le dessin les lignes Ac_1, Bc_1, Dc_2 qui forment un petit triangle cc_1c_2. Il faut que celui-ci ait ses côtés inférieurs à 1 millimètre, sinon on recommence l'opération jusqu'à ce que le triangle cc_1c_2 remplisse cette condition. Le point C cherché sera le centre de ce triangle.

On voit que le canevas ABCD... une fois établi, on peut déterminer sur la feuille et de la même manière des points M, M_1, M_2 du terrain en se servant des mêmes points A, B, C, D... De même, en se plaçant en M, M_1, M_2 on peut déterminer des points P, P_1, P_2...

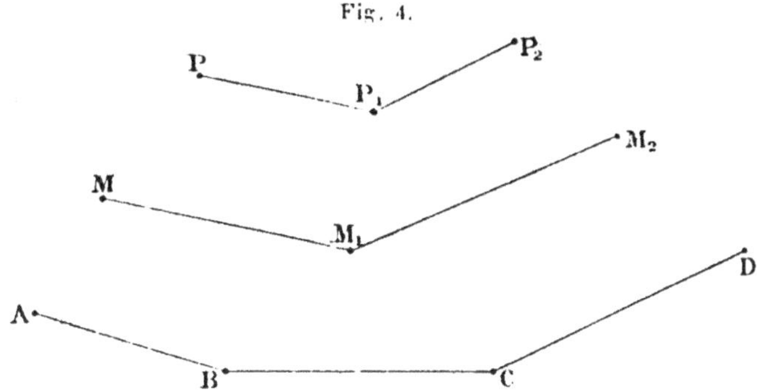

Fig. 4.

M, M_1, M_2 sont appelés stations du second ordre, P, P_1, P_2... sont des stations du troisième ordre, et si A, B, C, D... sont déterminés avec une certaine erreur, M, M_1, M_2... dépendront de cette erreur; ils seront donc affectés d'une erreur plus grande et *à fortiori* P, P_1, P_2... (*fig.* **4**).

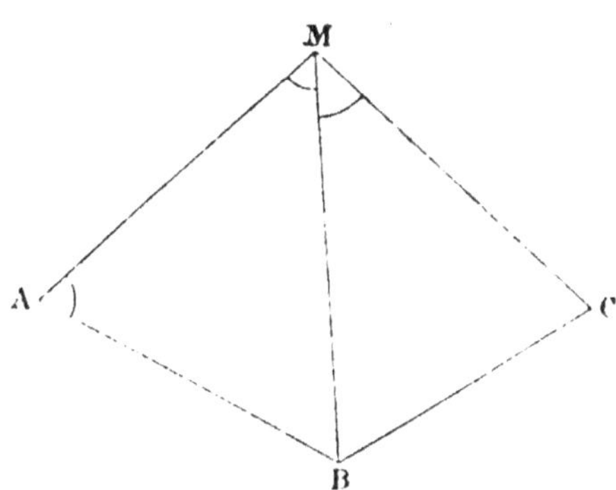

Fig. 5.

4° RECOUPEMENT. — On connait A, B, C. On veut avoir

M. On mesure par exemple $\widehat{BAM}$ en se plaçant en A.
Puis on se place en M et on mesure $\widehat{AMB}$, $\widehat{BMC}$. Ce procédé exige qu'on se déplace à chaque point M qu'on détermine (*fig.* 5).

5° RELÈVEMENT. — On a A, B, C; on veut déterminer M. On se place en M; on mesure $\widehat{AMB}$, $\widehat{BMC}$; le point M est à l'intersection des segments capables de ces angles construits sur AB et BC dont on suppose les longueurs connues.

NOTE SUR LES LEVÉS. — Nous verrons, dans une

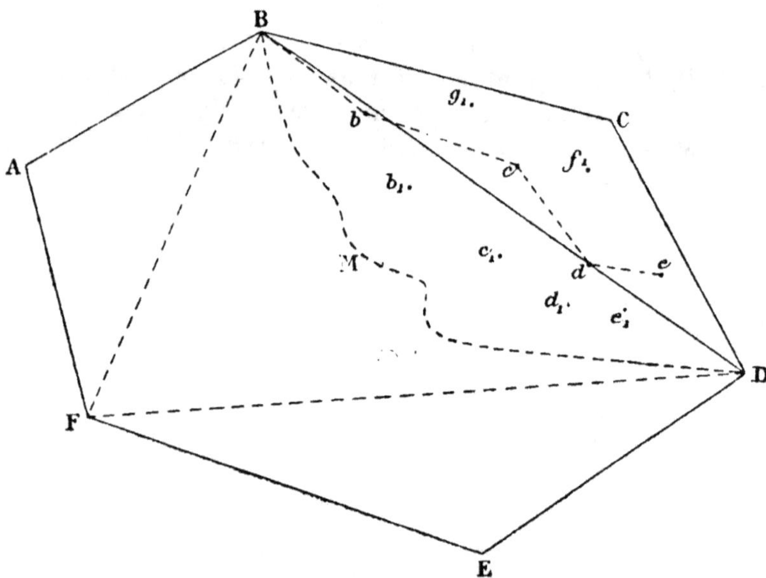

Fig. 5 *bis*.

autre partie de cet ouvrage, qu'un levé de grande étendue nécessite qu'on l'entoure d'un polygone

ABCDEF, appelé *canevas d'ensemble* : on partage ce polygone en autant de parties qu'il y a d'opérateurs différents.

Chaque opérateur en prend un fragment pour son levé, et, *grâce aux orientations* comparables et *connues des côtés*, grâce à l'emploi de la boussole, on comprend qu'il sera facile de reporter tous ces fragments à côté les uns des autres, de manière à former un polygone fermé en collant les feuilles de dessin de chaque opérateur bout à bout.

Le canevas d'ensemble établi, l'opérateur qui, par exemple, en a les points B, C, D, lève le terrain BMD qui lui est assigné en choisissant des points $b, c, d, e\ldots$ répartis sur un polygone qui se ferme sur les points B, C, D, dont trois au moins sont visibles de l'un quelconque des points B, C, D. Les points B, C, D,... $b, c, d, e,\ldots$ qui sont des points remarquables du terrain (*peupliers, clochers, pignons, cheminées*, etc.), constituent le *canevas général* du levé partiel BMD.

On rapporte à ce canevas général les *détails du terrain* (routes, chemins, sentiers, ruisseaux, etc.) en choisissant sur ceux-ci des points $b_1, c_1, d_1, e_1\ldots$ visibles des points $b, c, d, e\ldots$

Nota. — Toutes les fois que cela est possible, on plante un piquet ou un jalon aux sommets des polygones qui constituent soit le canevas d'ensemble, soit le canevas des détails.

Cas des détails.

1º Par abscisses et ordonnées. — AB est le côté d'un canevas ; on veut placer M.

On abaisse la perpendiculaire MP sur AB ; on mesure AP et MP (*fig.* 6).

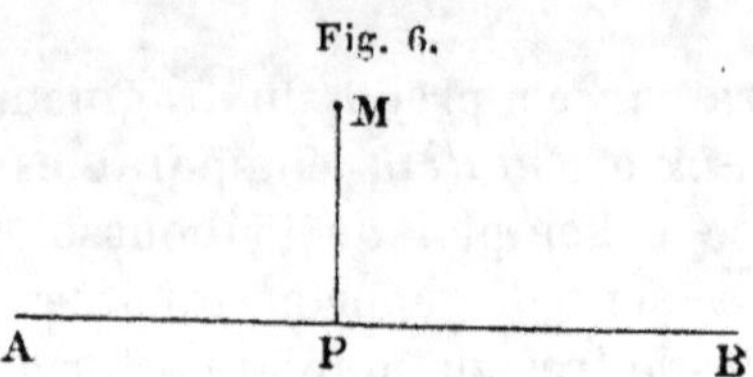

Fig. 6.

2° DÉCOMPOSITION EN TRIANGLES. — On décompose le terrain en triangles ; on mesure les côtés au mètre.

3° RAYONNEMENT. — On a A, B. On veut placer M sur le dessin.

On mesure $\widehat{MAB}$ et AM (*fig.* 7).

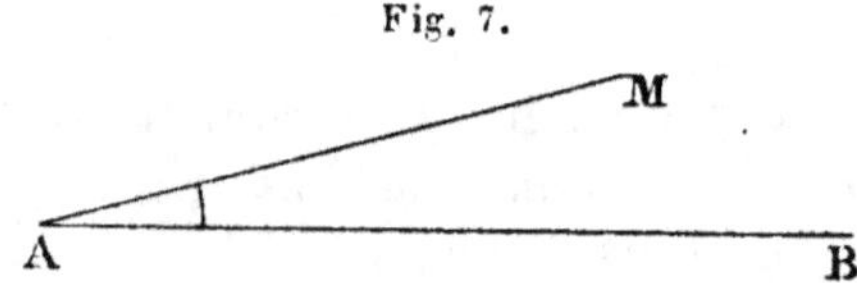

Fig. 7.

4° DEMI-CHEMINEMENT. — On a A, B ; on veut placer M, N, P sur le dessin.

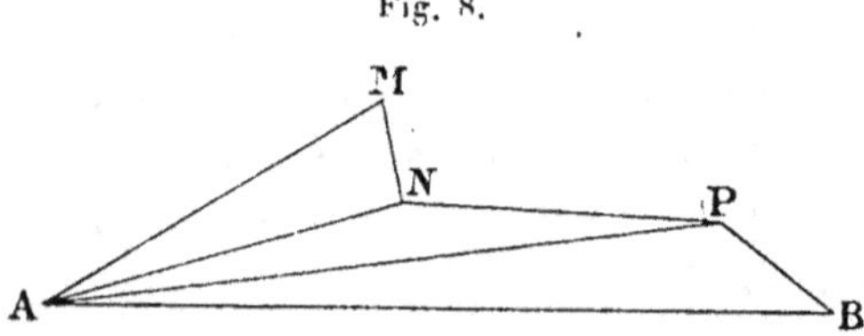

Fig. 8.

On mesure $\widehat{MAB}$, $\widehat{NAB}$, $\widehat{PAB}$ et les longueurs AM, AN, AP... (*fig.* 8).

PREMIÈRE PARTIE

CHAPITRE PREMIER

COMMENT MESURE-T-ON LES LONGUEURS ?

Procédés directs.

Passons maintenant à l'examen des trois conditions exprimées à la page 6.

Les différents appareils et les procédés employés pour mesurer les longueurs sont :

Le mètre (*fig.* 9) ;

Fig. 9.

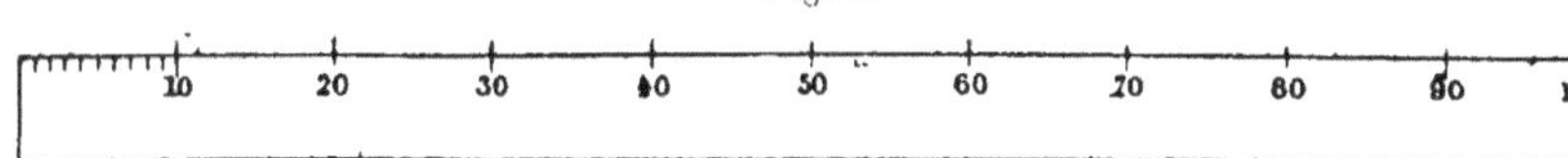

Le quintuple mètre (*fig.* 10), règle prismatique en bois terminée à chaque extrémité par un anneau en fer qui l'empêche de se fendre.

Si le terrain est horizontal, on porte la règle au bout d'une règle semblable portée par un second opérateur ; on pique tous les 100 mètres une fiche ou un piquet en terre.

Si le terrain est en pente, on rend la règle horizontale à l'aide de l'équerre des maçons ; on laisse tomber un fil à plomb par l'extrémité de la règle ; ce fil à plomb marque un point p sur le sol ; on part de p ; on obtient ainsi p_1, p_2, etc. La somme des quintuples mètres portés ainsi donne la projection ab de la distance des points A, B (*fig.* 11).

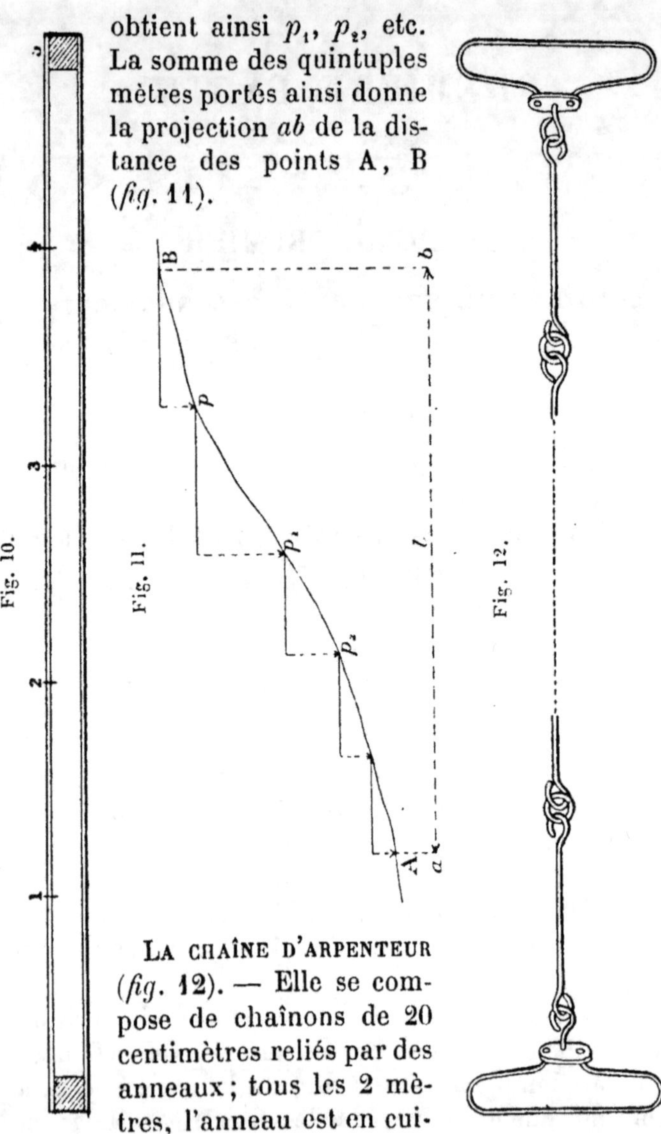

LA CHAÎNE D'ARPENTEUR (*fig.* 12). — Elle se compose de chaînons de 20 centimètres reliés par des anneaux; tous les 2 mètres, l'anneau est en cuivre. L'anneau du milieu porte un index. Deux poignées terminent la chaîne ; dix fiches en fer (*fig.* 13) l'accompagnent ; il y a en plus une fiche à plomb pointu que l'on utilise quand le terrain est en pente (*fig.* 11). L'usage est le même que pour le quintuple mètre, seulement on n'opère qu'avec une seule chaîne.

.Fig. 13.

Pour mesurer AB on tient l'une des poignées sur un piquet planté en A ; l'aide tend la chaîne dans la direction AB et plante une fiche verticalement à l'extrémité de la chaîne en f ; on se porte en f, on ramasse cette fiche ; l'aide plante de la même manière une nouvelle fiche f_1 que l'on ramasse de même (*fig.* 14).

Autant de fiches ramassées, autant de fois il y a 10 mètres dans AB.

S'il y a une fraction du décamètre en plus, on l'évalue approximativement avec la chaîne.

Fig. 14.

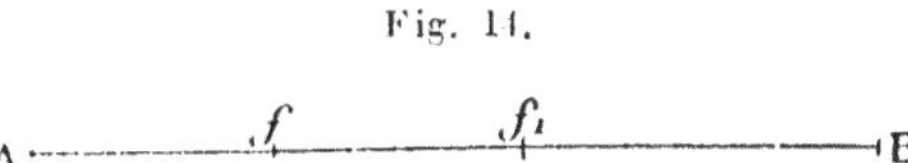

Pour éviter et corriger les erreurs, on recommence la mesure dans le sens BA et l'on prend pour longueur de AB la moyenne de ces mesures.

En terrain incliné, on tend la chaîne horizontalement ; la fiche à plomb donne la projection de son extrémité.

LE DÉCAMÈTRE EN RESSORT D'ACIER. — C'est un ruban d'acier enroulé sur un tambour dans une boîte plate cylindrique.

On l'utilise comme la chaîne d'arpenteur.

Lᴇ ᴅᴏᴜʙʟᴇ ᴘᴀs. — On peut encore évaluer les distances horizontales au double pas lorsqu'on connaît la longueur de celui-ci.

CHAPITRE II.

Procédés indirects.

En opérant comme il est dit page 24, à propos de la stadia et comme le montre la figure 26, on mesure la distance de deux points A, B suivant la pente. On mesure ensuite la pente. On en déduit la projection de AB.

Si φ est l'angle de pente, on en déduit que la projection de AB est égale à AB $\cos^2\varphi$ ou AB $\left(\dfrac{1+\cos 2\varphi}{2}\right)$.

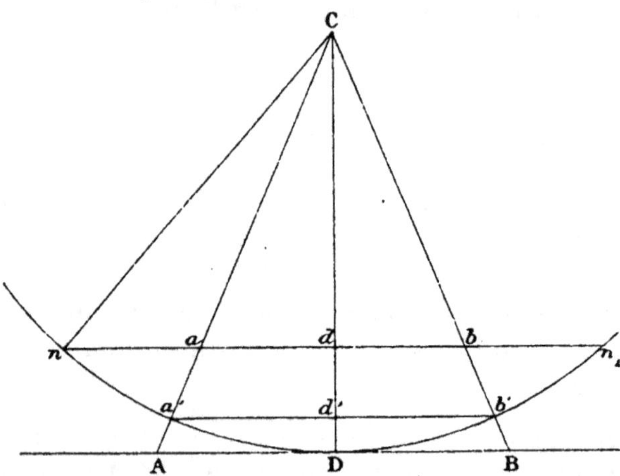
Fig. 15. — Échelle de réduction à l'horizon.

Portons donc (*fig.* 15) sur AB l'échelle horizontale

des longueurs, sur la perpendiculaire CD au milieu de AB (prenons $CD > \dfrac{3AB}{2}$ pour rendre le dessin plus clair), puis décrivons le cercle de rayon CD et de centre C.

Si φ est l'angle de pente, il est mesuré par l'arc Dn. On a :

$$\frac{ab}{AB} = \frac{Cd}{CD} = \frac{R(1 + \cos 2\varphi)}{R} = 1 + \cos 2\varphi ;$$

ab *est donc l'échelle* AB *projetée sous l'angle* φ.

DESCRIPTION SOMMAIRE DES LUNETTES. — Dans la mesure des longueurs suivant la pente, on utilise des lunettes, et plus particulièrement des lunettes dites *stadimétriques*, que nous décrirons plus loin.

Voici sommairement comment est construite une lunette :

Un tube en laiton renferme une lentille biconvexe LL' appelée *objectif*, qui donne une image renversée *ab* de l'objet AB.

Un oculaire ll' (lentille biconvexe ou biconcave) fonctionne comme une loupe par rapport à *ab* et en donne une image virtuelle $a_1 b_1$ (*fig.* 16).

En général, l'objet est assez loin pour que *ab* se forme au *foyer principal* de LL', donc OR = F, *distance focale principale de l'objectif*.

D'autre part, plus *ab* sera près du foyer de l'oculaire ll', plus $a_1 b_1$ sera loin de R, cela est vrai, mais aussi mieux on verra les détails de cette image ; il y a donc intérêt à prendre l'oculaire ll' tel que sa distance à l'objectif LL' soit voisine de $F + f$, somme des distances focales de chaque lentille, ou en diffère très peu.

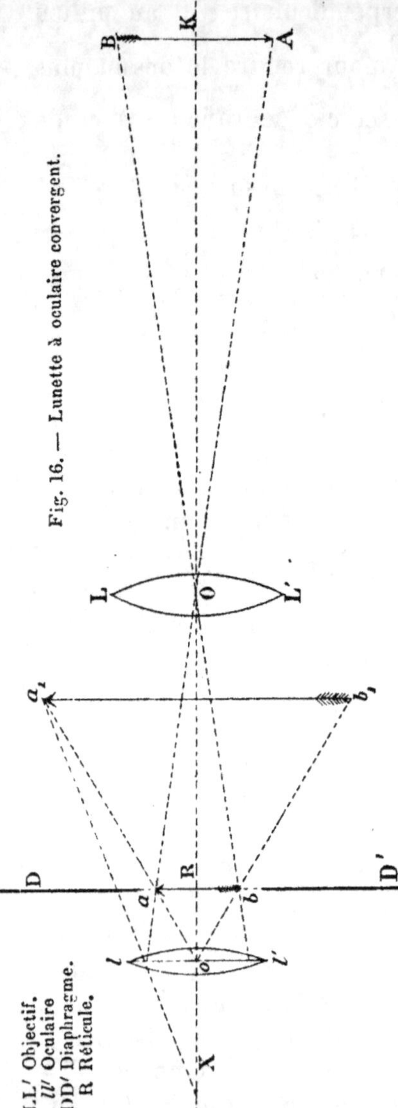

Donc, dans ce cas, *ab* sera dans le plan focal de l'oculaire et de l'objectif, car l'égalité $oO = F + f$ prouve que les plans focaux principaux de l'oculaire et de l'objectif sont presque confondus.

Diaphragme. — C'est une cloison DD′ placée dans le plan focal principal et dont l'ouverture circulaire a été calculée de manière à ne laisser passer que les rayons lumineux aboutissant aux parties les plus nettes de l'image.

Réticule. — La ligne O*o* est l'axe optique de la lunette.

Au point où cet axe perce le plan focal principal de l'objectif, on place deux fils perpendiculaires ; c'est le réticule. L'image *ab* doit venir se former au point de croisement de ces fils.

En général, on s'arrange de manière que l'un des fils du réticule soit horizontal et l'autre vertical.

Mise au point. — L'oculaire est généralement porté dans un tube spécial qui peut être mis en mouvement par une vis et une crémaillère.

En approchant ou en éloignant l'oculaire ll' de l'œil, l'opérateur arrive à voir nettement a_1b_1 ; c'est ce qu'on appelle *mettre au point.*

Grossissement. — Le grossissement est le rapport des angles sous lesquels on verrait AB et a_1b_1 en les plaçant à la distance oK de l'œil.

En le calculant, il est sensiblement égal à $G = \dfrac{F}{f}$.

Remarque. — Le type de lunette ainsi décrit fait partie de la catégorie des lunettes astronomiques.

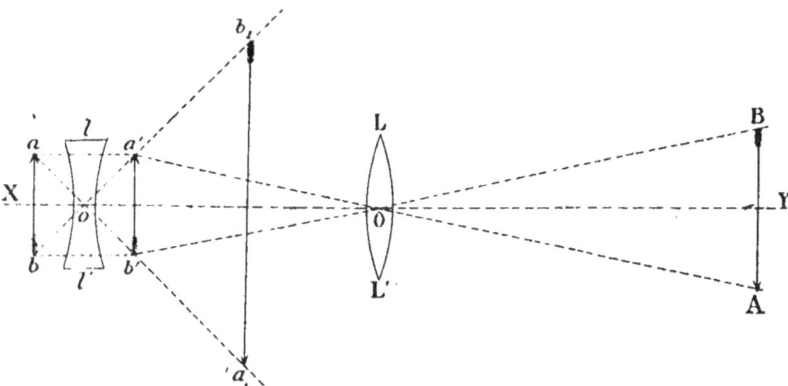
Fig. 17. — Lunette de Galilée.

Remarque. — Si l'image, au lieu de se former en $a'b'$ entre l'oculaire (*fig.* 17) et l'objectif, vient se former en ab derrière l'oculaire, on prend pour celui-ci non plus une lentille biconvexe comme précédemment

(*lunette astronomique*), mais une lentille biconcave
(*lunette de Galilée*).

On a une image virtuelle en $a_1 b_1$; c'est l'image de
l'objet visé.

POINTÉ. — *Pointer une lunette* c'est faire passer l'axe
optique par un point donné.

NOTA. — Les lunettes faisant l'objet de leçons spéciales dans les cours de physique optique, nous n'en
avons donné qu'une description très sommaire.

Mires.

Les lunettes se pointent, en général, sur des mires.
Celles-ci sont de deux sortes :

1° *Les mires à voyants.* Ce sont des règles carrées

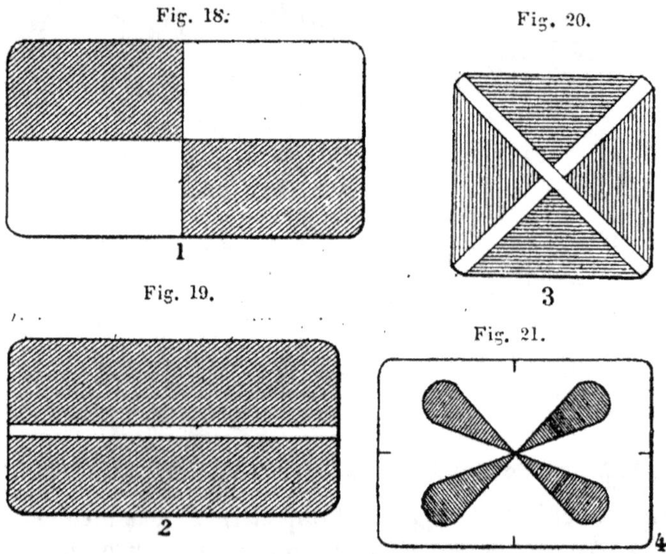

de 4 mètres environ, suivant lesquelles glissent des

voyants (*fig.* 18, 19, 20, 21) qui peuvent s'y fixer par des *vis de pression*.

Le collier qui relie le voyant à la règle porte un *index* qui marque sa hauteur le long de la mire.

Le point visé par la lunette est le centre du voyant lorsqu'il se compose de quatre carrés, dont deux sont noirs et deux sont blancs, ou bien sa *ligne de foi*, qui est une bande horizontale blanche sur fond rouge ou noir (*fig.* 19, 20).

Cette dernière disposition permet plus de précision, car on fait bissecter la ligne de foi par le fil horizontal du réticule plus facilement qu'on ne l'applique sur la ligne horizontale de la figure 18, ce fil ayant en effet une épaisseur appréciable ;

2° Les autres *mires* dites *parlantes* permettent à la lunette de faire lire directement par l'opérateur une division sur une échelle métrique graduée en traits ayant 1 centimètre d'épaisseur, séparés par des espaces de 1 centimètre de large, peints en rouge et disposés en chicane pour les rendre plus apparents (*fig.* 23).

Instruments employés.

Lunettes et Stadias. — Les instruments employés pour ces mesures indirectes des distances s'appellent *instruments diastémétriques*.

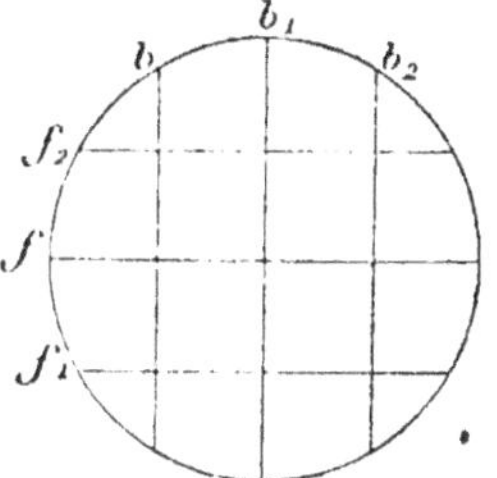
Fig. 22.

Ils comportent une lunette dont le réticule se compose de trois fils horizontaux et trois fils verticaux (*fig.* 22).

Les fils f_1, f_2, f ont un même écartement ; de même b, b_1, b_2.

L'appareil est complété par une *stadia*.
Ce n'est autre chose qu'une mire parlante qui porte une poignée *p* qui permet de la tenir verticale, ainsi qu'un
perpendicule *t* (*fig.* 23) dont la vertica-

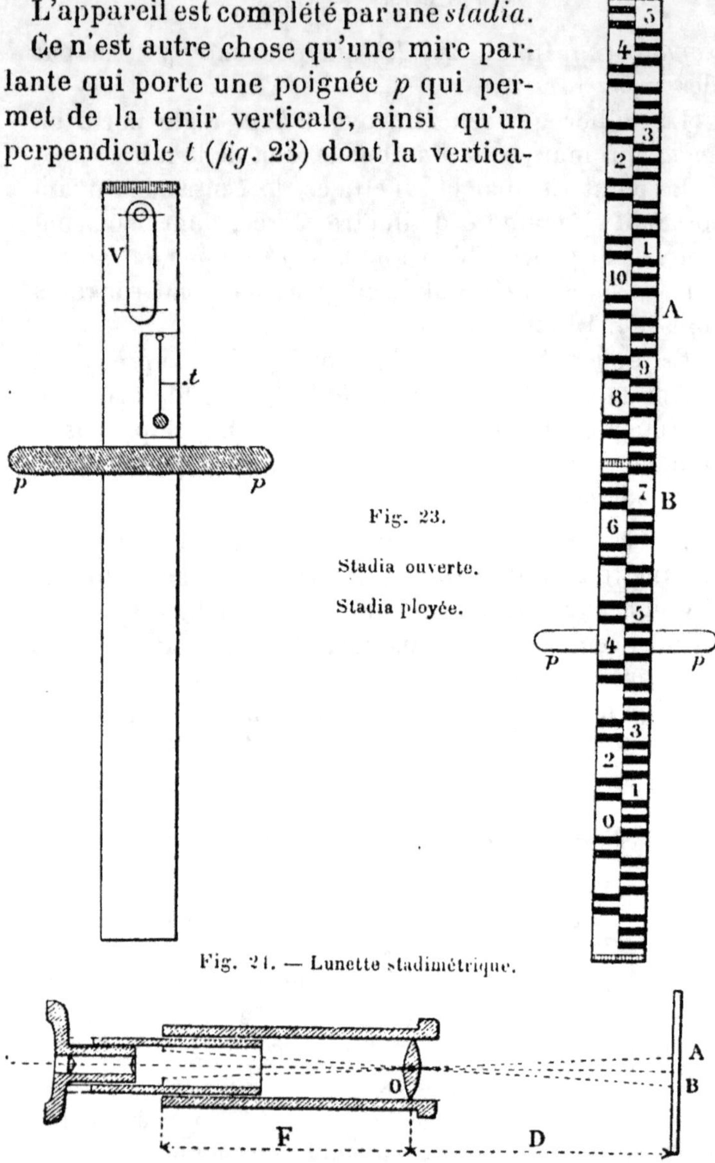

Fig. 23.

Stadia ouverte.

Stadia ployée.

Fig. 24. — Lunette stadimétrique.

lité assure celle de la stadia. Une charnière C permet aussi de la plier par son milieu ; un verrou V la maintient déployée.

Si les points A, B de la stadia comprennent n divisions de la stadia et si, de plus, ces points viennent former leur image sur les fils f_2, f_1 du réticule ; si l'on appelle F la distance focale de l'objectif et D la distance de l'objectif à la stadia,

$$\frac{F}{D} = \frac{f_2 f_1}{AB}.$$

Si l'on prend maintenant comme unité de longueur celle d'une division de la stadia, on a

$$D = \frac{nF}{f_1 f_2};$$

$f_1 f_2$ est mesuré une fois pour toutes, F est connu, n est lu sur la règle. On a donc la distance D.

En ajoutant à D la distance focale F de l'objectif, puis celle f de l'oculaire,

$$D + F + f$$

est la distance cherchée.

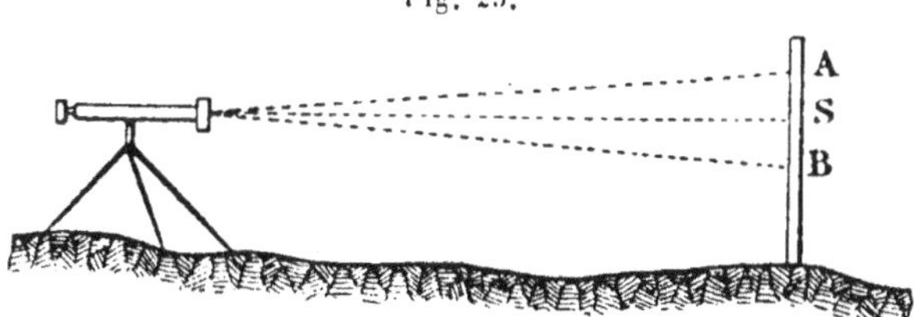

Fig. 25.

La figure 25 nous montre comment on opère en terrain horizontal ; la figure 26 montre comment on opère en terrain incliné.

L'angle (φ) de pente est mesuré par l'appareil même.

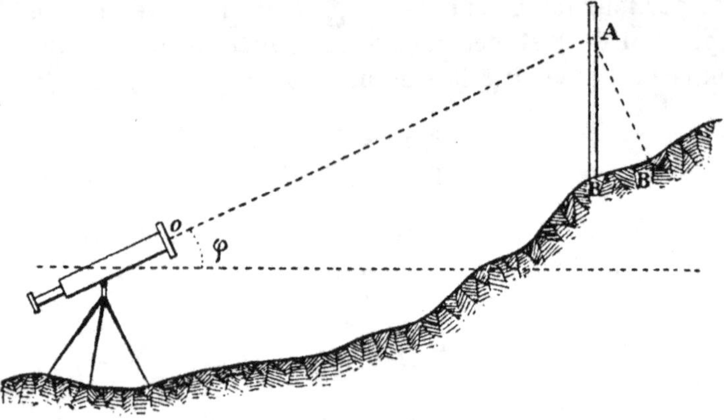

Fig. 26.

Mesure de distances à la stadia en terrain horizontal et incliné.

A cet effet, la lunette est fixée sur un limbe vertical qui se déplace devant un autre également vertical et portant une graduation dont le zéro est sur l'horizontale de leur centre commun. Le limbe de la lunette porte un index qui correspond avec ce zéro quand la lunette est horizontale (ce que vérifie un niveau).

Le déplacement angulaire de la lunette est égal à la pente (voir *fig.* 26, 85 et 86, *Éclimètre*).

LUNETTES ANALLATIQUES. — Ce sont des lunettes qui comportent en plus un verre correcteur disposé de telle sorte que l'on n'ait pas à faire la correction $F + f$. Le nombre de divisions n lu sur la stadia donne directement en mètres la distance cherchée.

STADIAS CORRIGÉES. — Au lieu de corriger la lunette

par un verre anallatiseur, on peut augmenter ou diminuer les divisions de la stadia de manière à faire disparaître la correction $F + f$.

Le nombre de divisions n lu entre f_1 et f_2 donne directement la distance cherchée, comme avec les lunettes anallatiques.

Mesures en terrain incliné (fig. 26). — Soit φ l'angle de pente.

On a :
$$AB' \cos \varphi = AB.$$

Or si AB' est la mesure lue sur la stadia, sa projection horizontale sera $AB' \cos \varphi$; par suite, la distance cherchée est $AB' \cos^2 \varphi$ ou $AB' \dfrac{(1 + \cos 2\varphi)}{2}$.

ÉCHELLE DE PROJECTION *(fig. 27).* — Si l'on porte sur

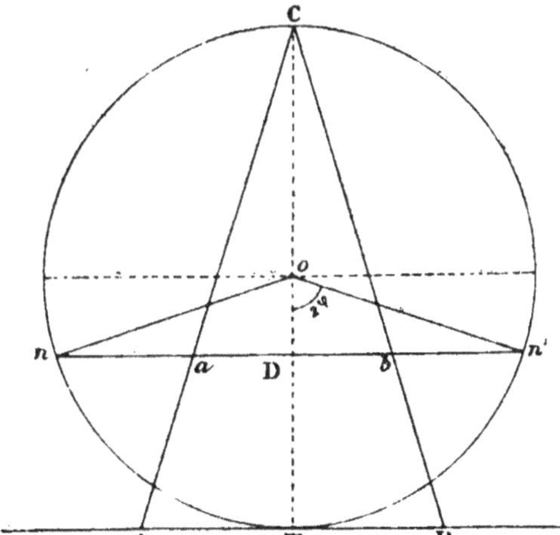

Fig. 27. — Échelle de projection.

AB l'échelle des longueurs horizontales, si on appelle φ

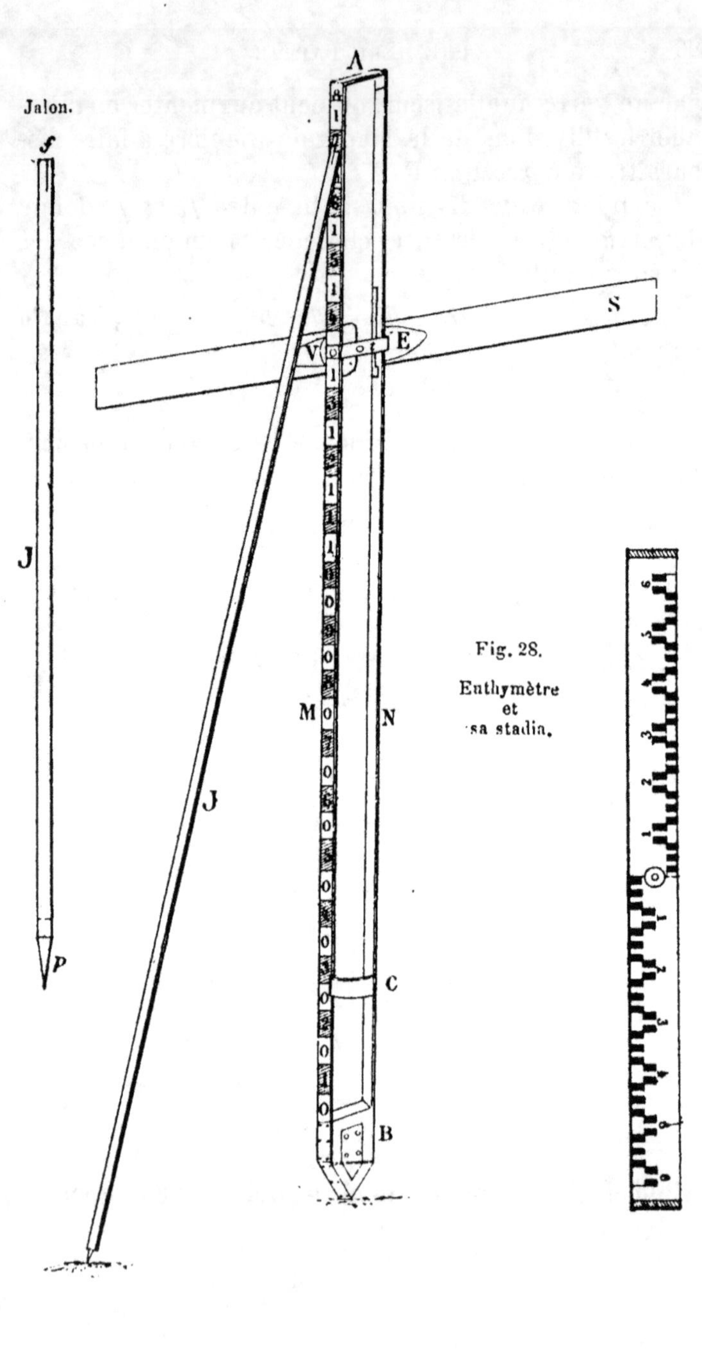

Fig. 28.

Enthymètre
et
sa stadia.

l'angle de pente et si l'on prend $Cm > \dfrac{3}{2}$ AB afin que les constructions soient plus claires, on a

$$\frac{ab}{AB} = \frac{CD}{Cm} = \frac{R\,(1 + \cos 2\varphi)}{2R} = \frac{1 + \cos 2\varphi}{2};$$

ab est donc la projection de l'échelle des longueurs sous l'angle φ.

EUTHYMÈTRE (*fig.* 28). — La stadia ne s'emploie que verticalement.

Il est utile de pouvoir employer une stadia horizontale si, par exemple, des branches d'arbre ou des herbes cachent le pied et le sommet de la stadia. C'est ce que permet l'*euthymètre*.

Un cadre en bois ACB est formé de deux montants M, N de 2 mètres de hauteur et gradués sur le côté comme le montre la figure ; ces montants sont réunis par les traverses A, C, B. Une pointe *p* permet de l'appliquer sur un *piquet ;* un *jalon* J, muni d'une échancrure, permet de l'arc-bouter ; un *perpendicule* en assure la verticalité.

Une *stadia* S est reliée à ce cadre par un collier E ; un pivot *t* permet de la mettre verticale ou horizontale. Un verrou la maintient dans l'une ou l'autre de ces positions. Une vis V de pression fixe le collier E sur l'euthymètre.

La stadia porte des divisions symétriques par rapport à son milieu ; les lectures s'effectuent en faisant coïncider le trait du milieu avec le fil du milieu f (*fig.* 22) ; la division lue sur le fil f_1 ou sur le fil f_2 donne la distance en supposant la *lunette anallatique*. Le pivot *t* permet, en redressant la stadia verticalement, de la pousser entre les montants M, N pour la préserver des accidents qui pourraient l'abîmer.

CHAPITRE III.

COMMENT MESURE-T-ON LES ANGLES ?

1° *Avec la boussole ;*
2° *Avec les goniomètres.*

1° Boussole. — On sait que la direction de l'aiguille aimantée fait avec chaque méridien un angle invariable.

C'est la déclinaison de la boussole au lieu considéré.

La variation séculaire de cette déclinaison est de 16° environ. Chaque jour, elle varie de 25′ à 30′ sexagésimales.

L'aiguille dirige sa pointe bleue vers l'Ouest depuis le lever du soleil jusqu'à 1 heure, puis elle revient vers l'Est pour être stationnaire à 9 heures du soir environ.

Il est donc bon d'opérer vers le maximum de la variation journalière, c'est-à-dire de 11 heures à 4 heures.

L'aiguille subit des déviations locales lorsque le terrain est magnétique ou lorsqu'il se trouve auprès d'elle des masses de fer.

La boussole est une boîte au milieu de laquelle se trouve une aiguille aimantée (*fig.* 29).

Celle-ci se déplace devant un cercle divisé en 400 parties égales appelées *grades ;* la centième partie du grade est la *minute centésimale ;* la centième partie de cette minute est la *seconde centésimale,* etc... La

ligne 0 - 200ᶢ est dirigée suivant le méridien magnétique.

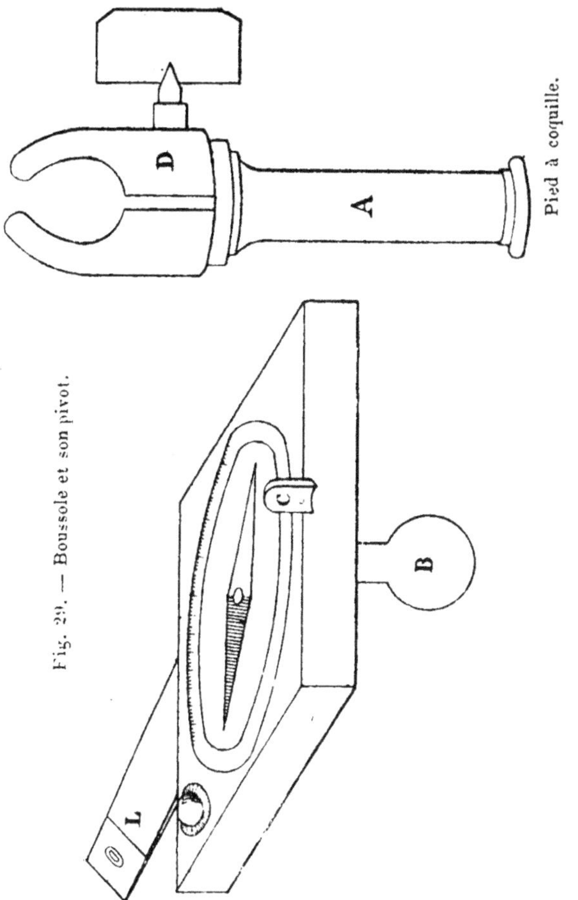

La boussole porte :

1º Un niveau N servant à la mettre horizontale;

2º Un excentrique C, qui retient ou rend libre l'aiguille; un viseur L muni d'un œilleton (*fig.* 30).

Une boule B est vissée sous l'appareil. Cette boule entre dans une coquille D à deux branches et la vis V permet de serrer B dans la coquille.

Fig. 30. — Viseur de la boussole.

On conçoit ainsi que B, grâce à sa forme sphérique, peut prendre une infinité de positions dans D, et qu'il en est de même pour la boussole.

La coquille porte une tige creuse A, qui reçoit une tige conique en bois T fixée sur le plateau d'un pied à

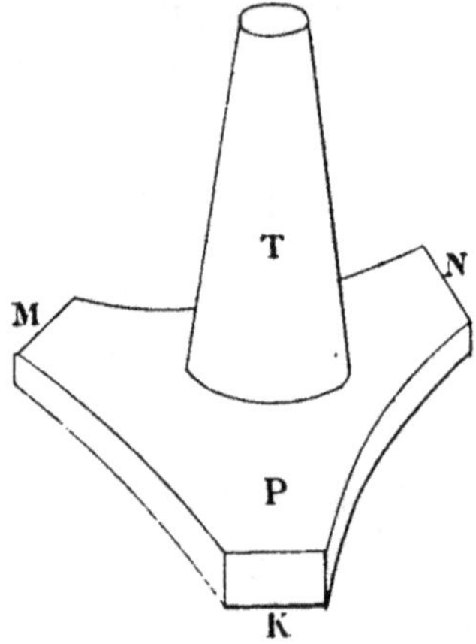

Fig. 31.
Pied de boussole-planchette avec sa tige.

trois branches (*fig.* 31) et dont la forme rend le pied à coquille adhérent au pied en bois.

Mesure d'un orientement. — Les orientements se

comptent de 0 à 400 grades en partant du Nord et en passant par l'Ouest de l'aiguille.

On ne lit qu'avec la pointe bleue.

Cherchons l'orientement de la ligne OB.

On met la boussole en station au point O. Pour cela, on met son axe sur le prolongement du fil à plomb qui passe par O (*fig.* 32).

On la rend horizontale, on amène le viseur sur le point B ou plutôt sur la ligne de foi du voyant B′ placé sur un jalon planté en B (*fig.* 33) ; cette ligne de foi est à une distance du jalon égale

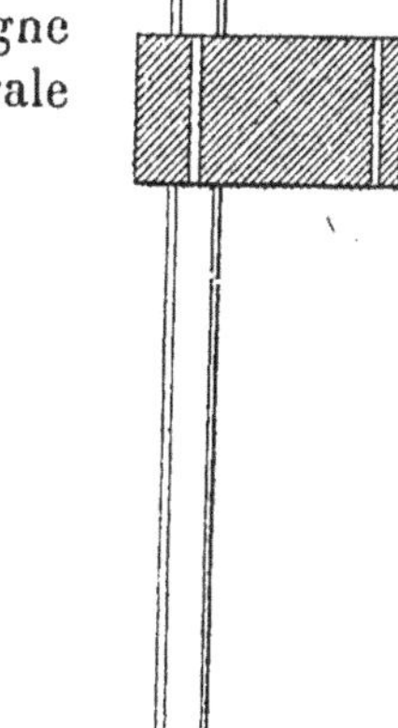

Fig. 33. — Jalon et son voyant.

Fig. 32.

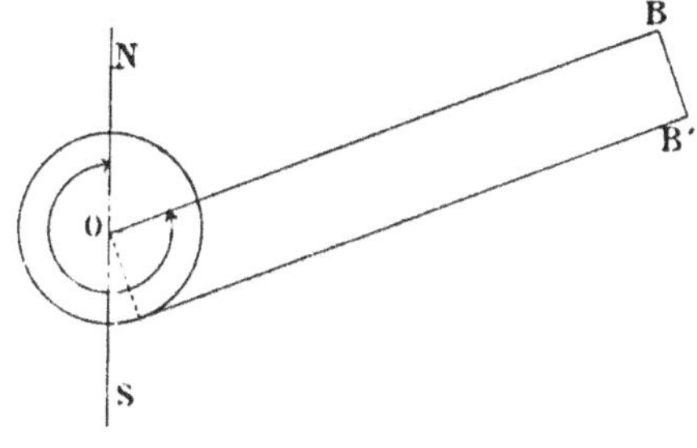

à la distance de l'axe optique du viseur à l'axe de la boussole. (C'est l'excentricité du viseur. On corrige ainsi cette excentricité.)

On peut encore viser à droite et à gauche (*fig.* 34) et prendre la demi-somme des visées en modifiant de 200$^\text{G}$ la visée de gauche.

On a en effet, en appelant α l'erreur due à l'excentricité :

$$1^{re} \text{ visée} .. \quad 0^c + \alpha$$
$$2^e \text{ visée} .. \quad 0^c - 200^c - \alpha \Big\}$$

REMARQUE. — Lorsqu'on exécute le levé du canevas, il faut faire les visées directe et inverse pour chaque côté, afin d'éliminer l'erreur d'excentricité

Fig. 34.

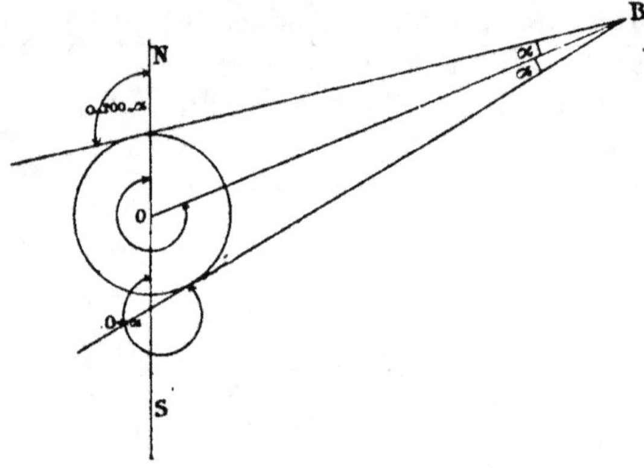

ainsi que les erreurs accidentelles qui peuvent se produire.

Ainsi partant du point B (*fig.* 35), on prend d'abord la direction BA (on a déjà pris la direction AB), puis

Fig. 35.

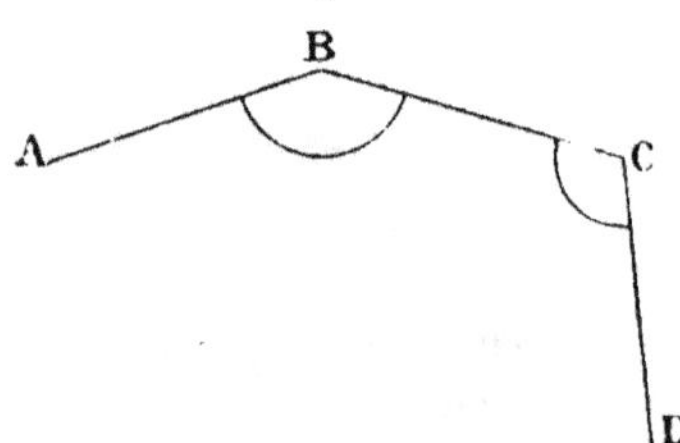

la direction BC ; on va se mettre en station en C, on prend la direction CB, puis la direction CD, etc...

Dès lors, pour obtenir en grades l'angle $\widehat{BCD}$, par exemple, voici comment on opère :

Nous avons visé dans la direction

(BC) ce qui nous a donné une lecture a^g

(CB)   —   — $a'^g - 200^g$

(CD)   —   — a_1^g

(DC)   —   — $a_1'^g - 200^g$.

L'orientement de BC est

$$\frac{a + a' - 200}{2} + 100 = \frac{a + a'}{2} \text{ grades}$$

L'orientement de CD est

$$\frac{a_1 + a_1' - 200}{2} + 100 = \frac{a_1 + a_1'}{2} \text{ grades}$$

$\left.\rule{0pt}{6em}\right\}$ à 25′ près.

L'angle $\widehat{BCD}$, exprimé en grades à 25 minutes centésimales près, a pour mesure $\dfrac{a + a' + a_1 + a_1'}{2}$ grades.

Remarque. — Les chiffres a et a_1 comportent les erreurs accidentelles et les déviations locales.

Conditions que doit remplir une boussole :

1° Le plan du limbe doit être perpendiculaire à l'axe A;

2° La ligne $0 - 200^g$ doit coïncider avec la ligne des pointes de l'aiguille, sans cela on aurait une désorientation de toutes les lignes du levé;

3° L'aiguille doit être droite;

4° Son pivot doit coïncider avec le centre du limbe,

sans cela il y aurait une erreur d'excentricité de l'aiguille ;

5° La ligne de visée du viseur doit décrire un plan vertical parallèle à la ligne 0 — 200ᵍ.

REMARQUE. — Les côtés dont on mesure la direction avec la boussole doivent être compris entre 25 et 70 mètres ; il ne doit pas y avoir plus de 20 côtés au canevas levé.

Ceci à cause de l'erreur de la mise en station, qui n'est jamais parfaite, et à cause des erreurs de visée.

DÉVIATIONS LOCALES. — Lorsqu'un sommet donne une déviation locale, on choisit les sommets voisins, de manière qu'il n'y ait pas de déviation en deux sommets consécutifs, afin d'éviter l'accumulation des erreurs autres que celles provenant de ces déviations.

Correction de ces déviations. — On corrige les déviations locales par la méthode des visées directe et inverse.

DÉCLINAISON DES BOUSSOLES. — Puisque la déclinaison varie aux divers points d'une contrée, il faut donc, lorsque le levé est très étendu, que la trace du méridien coïncide avec la ligne des pointes dans les différentes régions de la contrée. On aura ainsi les orientements vrais, c'est-à-dire les angles de chaque direction avec le méridien géographique.

C'est ce qu'on appelle *décliner une boussole.*

Pour cela on trace sur le terrain une direction dont on a l'orientement vrai, on se met à l'une de ses extrémités, on vise l'autre, et on fait tourner le limbe gradué (à l'aide d'un mécanisme spécial) jusqu'à ce que la ligne 0 — 200ᵍ laisse faire avec elle à l'aiguille un angle égal à l'orientement connu. On recommence de même à l'autre extrémité, et ainsi de suite jusqu'à ce qu'il n'y ait plus aucune erreur marquée par l'aiguille quand on passe d'une extrémité à l'autre de la direction connue.

CHAPITRE IV.

INSTRUMENTS GONIOMÉTRIQUES.

SEXTANT. — On a un secteur métallique BDC de 60° (*fig.* 36) ; MD est une alidade qui peut tourner autour

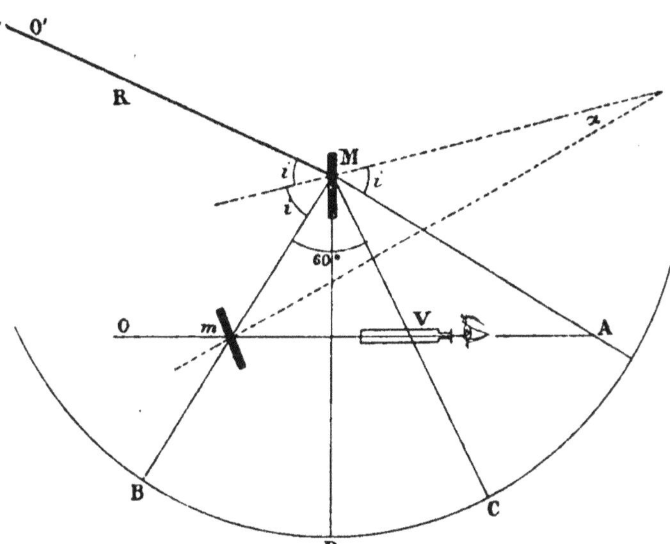

Fig. 36. — Sextant.

du centre M du limbe ; elle porte un miroir vertical dirigé suivant l'alidade. Sur le rayon MB un petit miroir *m*, également vertical, est fixé au limbe; sa moitié supérieure n'est pas étamée. V est une lunette-viseur.

Mesure d'un angle. — On se propose de déterminer l'angle que font entre elles deux directions AO, AO′. On place l'œil au viseur, on voit directement à travers la partie non étamée de *m* l'objet O et par double réflexion sur les miroirs M et *m* un objet O′ situé dans la direction AO′; les rayons lumineux suivent le chemin O′M*m*VA. On amène l'objet O et l'image de O′ à coïncider en déplaçant l'alidade MD. L'angle lu sur le limbe est l'angle $\widehat{OAO'}$ cherché.

Pour mesurer une hauteur angulaire en mer, on a un astre S, on met le plan du sextant dans le plan vertical de l'astre, on vise dans *m* la ligne d'horizon, et l'on amène l'image doublement réfléchie de S à se former sur cette ligne.

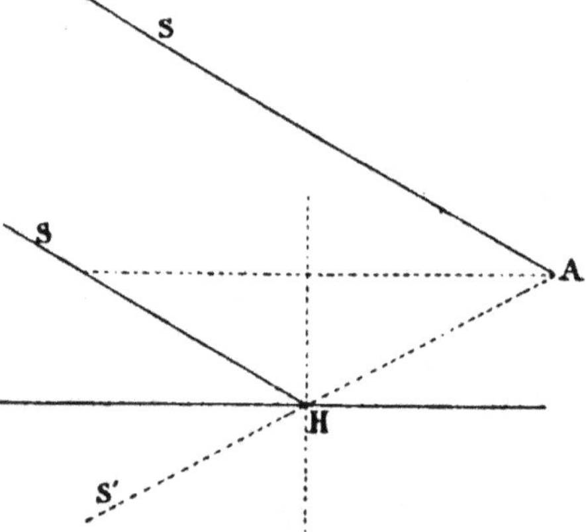

Fig. 37 — Mesure d'une hauteur angulaire (en mer).

L'alidade porte un index, qui marque sur la graduation du limbe la hauteur cherchée (*fig.* 37).

A terre (*fig.* 38) on se sert d'un horizon artificiel; on mesure l'angle des rayons venant de l'astre et de ceux venant de son image réfléchie, c'est l'angle SAS'.

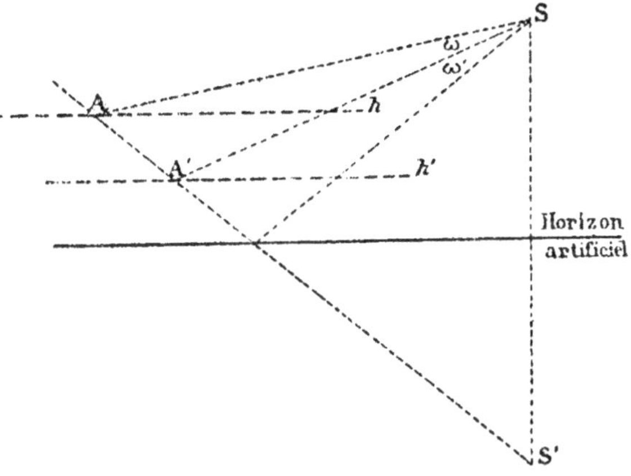

Fig. 38. — Mesure d'une hauteur angulaire (à terre).

Rectifications. — De faciles considérations géométriques montrent que l'angle des deux miroirs est la moitié de l'angle lu sur le limbe à partir du point C.

1° Il faut que le miroir M soit perpendiculaire au plan du limbe; pour cela on met l'alidade sur la bissectrice du limbe et on agit sur les vis qui portent M jusqu'à ce que l'image de BD coïncide avec celle de CD;

2° Il faut de plus que, l'alidade étant en C au zéro, le petit miroir soit parallèle au grand.

On commence par rendre la trace de *m* parallèle à M, en mettant le sextant horizontal et en visant une verticale.

L'image vue directement et l'image doublement réfléchie doivent coïncider en direction; dans ce but, on agit sur une vis latérale qui déplace latéralement la trace de *m*.

Pour rendre ensuite *m* et M parallèles, on incline le sextant en continuant de viser la même verticale et l'on agit sur la vis postérieure du miroir *m* jusqu'à ce que les images de la droite soient parallèles.

Verniers.

Les instruments de mesure donnent les inconnues à l'aide de lectures faites sur une règle ou un limbe et d'un index qui porte un vernier.

Généralement, on obtient le vernier en divisant en dix parties égales neuf divisions de la règle (*fig.* 39).

On voit ainsi que le trait 1 du vernier est en retard de 1/10 sur le trait 1 de la règle, le trait 2 est en retard de 2/10..., le trait *n* est en retard de *n*/10. On voit que ce vernier donne les lectures à 1/10 près.

Lectures à l'aide du vernier. — Trois cas peuvent se présenter :

1° Le zéro du vernier coïncide avec une division de la règle ; alors cette division donne le nombre cherché (*fig.* 39 *bis*) ;

2° Un trait du vernier coïncide avec une division de la règle (*fig.* 40).

Le zéro sera par exemple voisin de la division 6 de la règle.

Nous voulons avoir à 1/10 près la valeur de la mesure effectuée, sachant que le trait 4 du vernier coïncide avec le trait 10 de la règle.

En regardant la figure 40, nous voyons que les traits 3, 2, 1, 0 du vernier sont en avance de 1, 2,

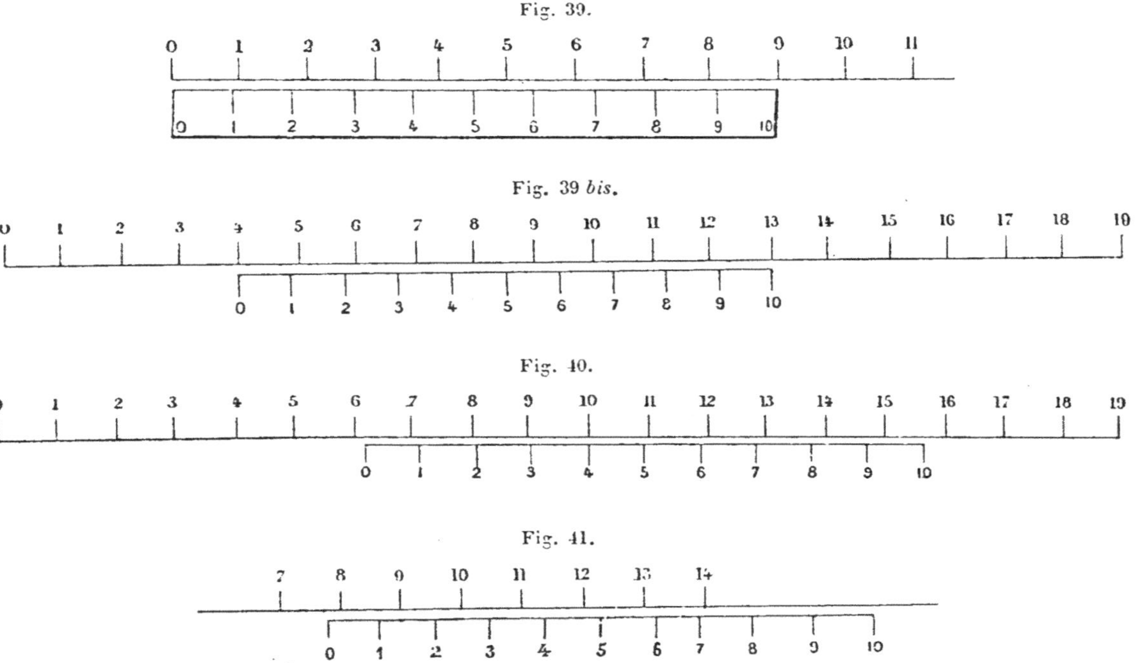

Fig. 39.

Fig. 39 *bis*.

Fig. 40.

Fig. 41.

3, 4 dixièmes sur le trait 6 de la règle; la lecture est donc $6 + 4/10$;

3º Aucun trait du vernier ne coïncide avec un trait de la règle (*fig.* 41).

Supposons par exemple que les traits 6 et 7 du vernier soient compris entre les divisions 13 et 14 de la règle, le zéro étant compris entre les traits 7 et 8.

Or un seul des intervalles $6 - 13$, $7 - 14$ peut être supérieur ou au plus égal à $\dfrac{1}{20}$ de division de la règle; supposons donc ces intervalles sensiblement égaux; le trait 6 du vernier est en avance de $\dfrac{1}{20}$ sur le trait 13 de la règle, les traits 5, 4, 3, 2, 1, 0 du vernier sont donc en avance de $1 + \dfrac{1}{2}$, $2 + \dfrac{1}{2}$, $3 + \dfrac{1}{2}$, $4 + \dfrac{1}{2}$, $5 + \dfrac{1}{2}$, $6 + \dfrac{1}{2}$ dixièmes sur les traits 12, 11, 10, 9, 8, 7 de la règle; le nombre à lire est donc

$$7 + \left(5 + \dfrac{1}{2}\right)\dfrac{1}{10} \quad \text{ou} \quad 7 + \dfrac{11}{20}.$$

REMARQUE. — Nous donnons ici l'usage du vernier au dixième; il y a des verniers au 20º, au 50º, au 100º, au 500º.

Leur théorie est la même.

Équerre à miroirs.

C'est un tube qui renferme deux miroirs à 45º et deux miroirs à 90º. Des fenêtres et des œilletons permettent, en déplaçant l'équerre, de viser deux objets ou deux directions faisant des angles de 45° ou 90° (*fig.* 42).

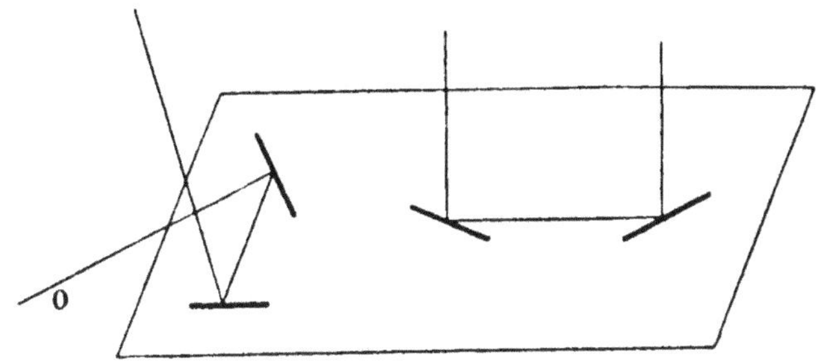

Fig. 42. — Équerre à miroirs.

Équerre d'arpenteur.

C'est une boîte cylindrique en laiton (*fig.* 43), percée de 4 fentes verticales et munie de 4 fenêtres portant chacune un crin de visée.

Ces fentes et fenêtres sont réparties dans 8 plans à 45° et disposées de manière qu'une fente corresponde à une fenêtre diamétralement opposée.

On voit donc qu'en visant dans un certain plan de visée et en marquant sa direction, puis en visant dans un autre plan de visée faisant un angle de 45° ou 90° avec le précédent, on a deux directions faisant entre elles soit 45°, soit 90°.

Usages. — Cet instrument est monté sur un jalon à pointe qui permet de le fixer sur la tête des piquets placés aux sommets des polygones topographiques. Il sert à mener les perpendiculaires, à lever les détails par abscisses et ordonnées comme nous l'avons dit.

Il sert :

1° A mesurer la distance AB d'un point B à un point A inaccessible (*fig.* 44).

Fig. 43.

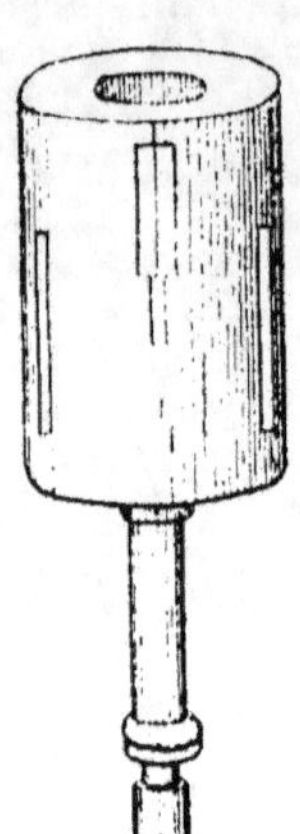

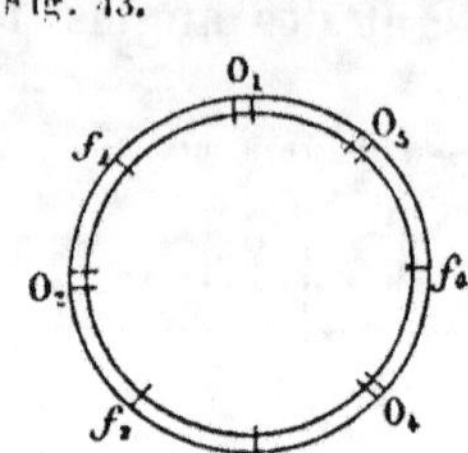

Pour cela on vise BA, puis on mène BC; on se porte sur BC, on jalonne CA et on mène la perpendiculaire CD. On a

$$AB = \frac{\overline{BC}^2}{\overline{BD}};$$

ou bien (*fig.* 45) on mène BC et CA faisant des angles de 45° avec BC. On a

$$AB = BC.$$

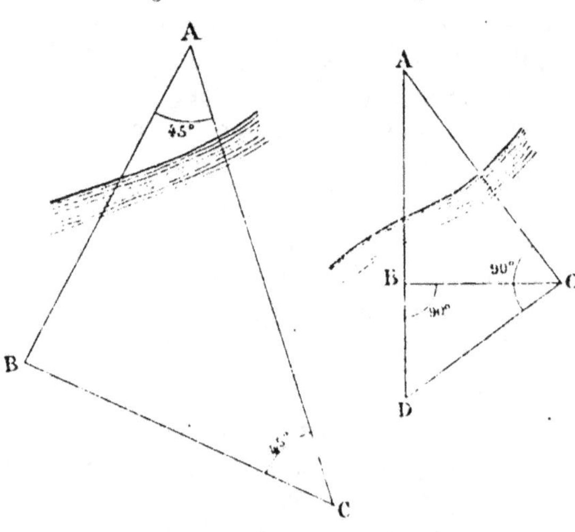

2° A mesurer la distance de deux points inaccessibles.

Pour cela (*fig.* 46), mesurer CD, EF, puis les reporter en CA_1, EB_1 sur AC et BE

On a

$$A_1B_1 = AB.$$

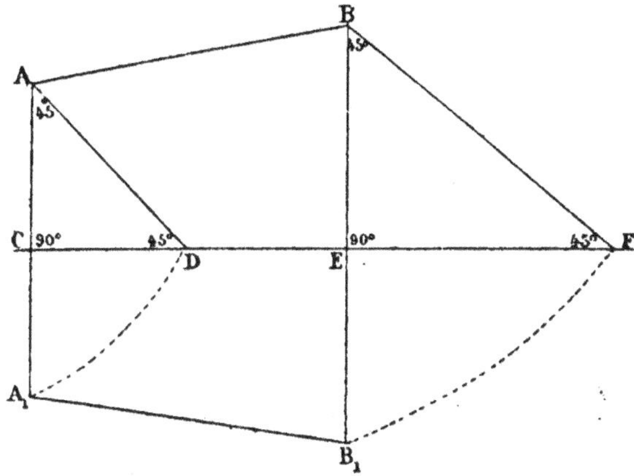

Fig. 46.

3° Aux mesures d'arpentage.

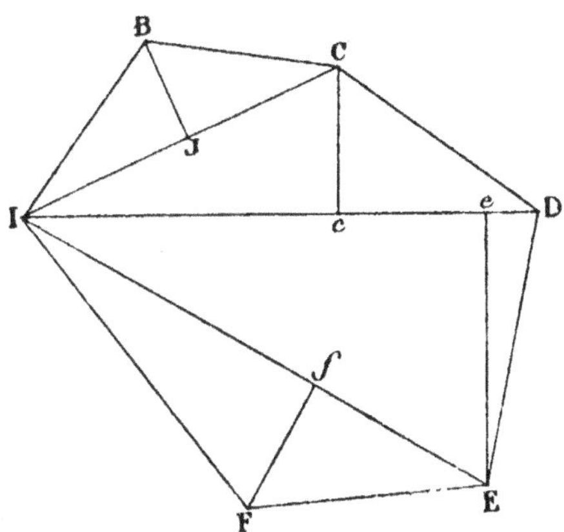

Fig. 47.

Si l'on veut évaluer la surface d'un polygone tracé

sur le terrain, on mène les différentes diagonales issues d'un sommet, puis on le décompose en triangles rectangles comme le montre la figure 47.

Si le terrain n'a pas la forme d'un polygone, on inscrit le long de son périmètre un polygone dont les côtés compensent aussi exactement que possible les sinuosités suivies par les limites du terrain, et on opère comme il vient d'être dit.

Rectifications de l'instrument :

1º Il faut que les pentes opposées soient dans le même plan ; pour cela on s'assure qu'en déplaçant l'œil le long de la fente, un point visé reste toujours visible sans qu'on ait besoin de déplacer l'équerre.

Fig. 48.

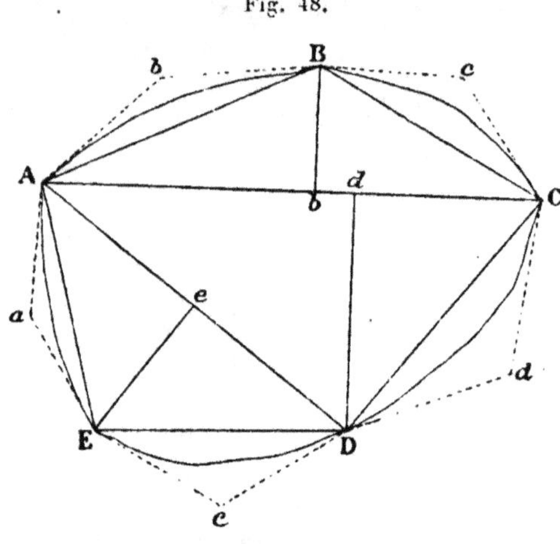

2º Il faut que deux lignes de visée soient à angle droit ; pour cela, on vise une certaine direction O avec l'équerre en se plaçant en O, puis on se porte derrière la fente rectangulaire et on fait planter un jalon en A.

Avec cette dernière fente on vise la direction OA, on

se porte derrière la fente employée la première et on fait planter un jalon dans la direction OD'.

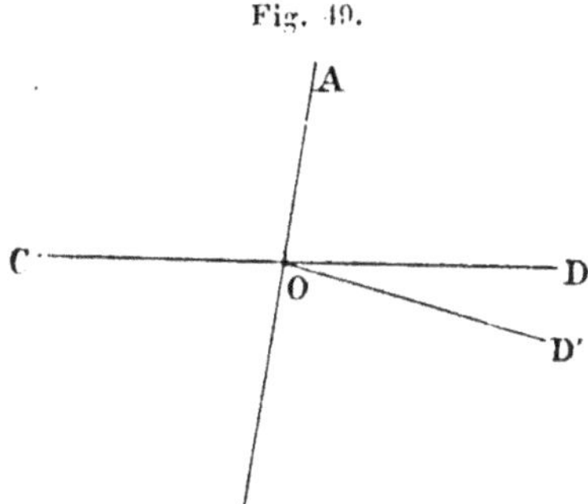

Fig. 49.

Si OD et OD' coïncident, l'instrument est considéré comme réglé, sinon on le rectifie.

LEVÉ DES DÉTAILS. — Pour lever les détails par abscisses et ordonnées, on jalonne les perpendicu-

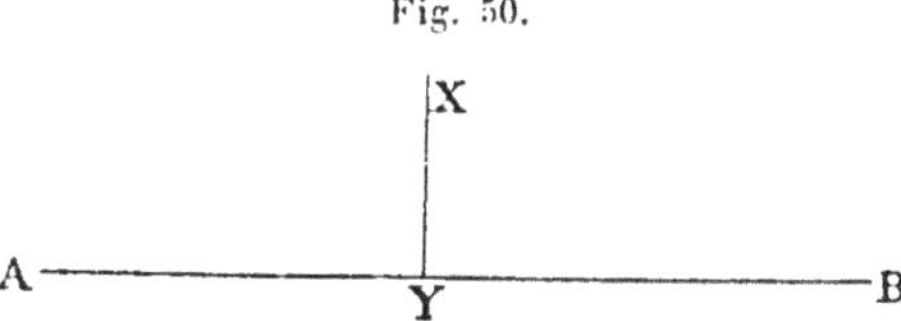

Fig. 50.

laires XY aux côtés du canevas, puis on mesure AY, XY à la chaîne (*fig.* 50).

On reporte ces constructions sur le dessin.

Goniomètres.

La figure 51 donne l'idée générale des goniomètres. Un axe vertical S porte une lunette mobile autour d'un axe horizontal H, ce qui lui permet de décrire un plan vertical. Cet axe S est monté sur un plateau C′ divisé en grades et porté par trois vis calantes V qui permettent, avec l'aide du niveau N, de rendre l'axe S

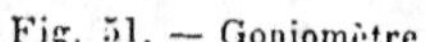

Fig. 51. — Goniomètre.

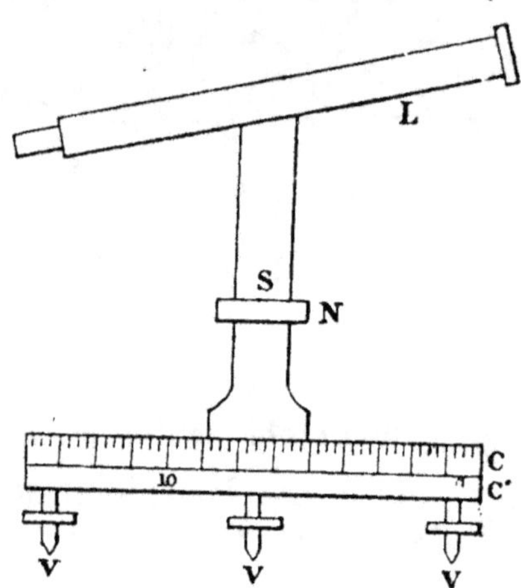

vertical. L'axe peut tourner autour d'un pivot porté par le limbe C′ et entraîner un autre limbe gradué C muni d'un vernier et invariablement relié à l'axe lui-même.

On conçoit ainsi qu'on puisse déterminer l'angle dont tourne la lunette pour viser deux points situés dans des directions différentes.

Rectifications. — Ceci exige que les limbes C, C′ soient bien parallèles et perpendiculaires à l'axe et que la lunette décrive exactement un plan vertical.

EMPLOI. — Ces instruments servent indifféremment pour le cheminement et l'intersection.

Goniasmomètre.

C'est un instrument monté sur un pied comme la boussole (*fig.* 52).

Il se compose de deux demi-cylindres dont l'inférieur est fixe ; le cylindre supérieur est mobile autour d'un axe A qui traverse l'appareil ; ce cylindre porte un vernier qui permet de lire, parmi les divisions marquées sur le cylindre inférieur, l'angle dont il faut faire tourner le cylindre supérieur pour apercevoir à travers les fentes diamétralement opposées qu'il porte une direction ·faisant avec la direction visée par les fentes du cylindre inférieur l'angle que l'on cherche.

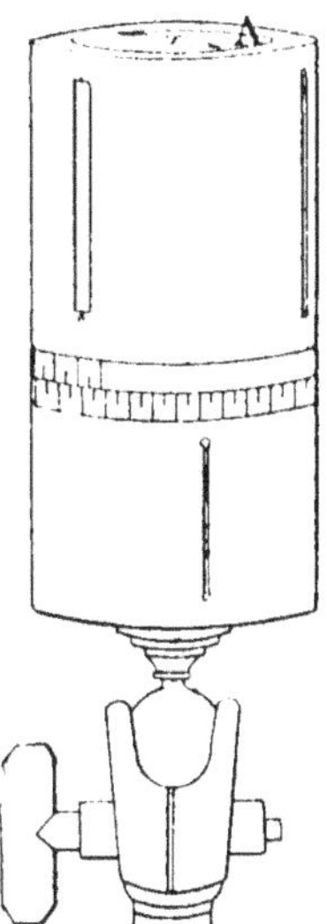

Fig. 52.
Goniasmomètre.

Cet appareil comporte les mêmes rectifications et la même précision que l'équerre d'arpenteur.

NOTA. — Le tachéomètre (instrument goniométrique) sera décrit plus loin.

Construction des angles. — Les angles mesurés en grades avec ces appareils goniométriques sont portés et figurés sur le dessin à l'aide de rapporteurs en grades ; mais ceux-ci sont peu précis ; il est préférable de calculer ces angles en déterminant leur tangente ou leur sinus à l'aide de tables trigonométriques.

REMARQUE. —- Les appareils goniométriques décrits jusqu'ici sont surtout employés pour le cheminement, c'est-à-dire en suivant les polygones par sommets consécutifs.

Nous allons en citer d'autres, facilement employés pour le procédé « par intersection ».

Nous savons, en effet, qu'en se portant en trois points (ou stations) A, B, C (*fig.* 53) déterminés sur le terrain, on peut déterminer sur le dessin autant de points

Fig. 53.

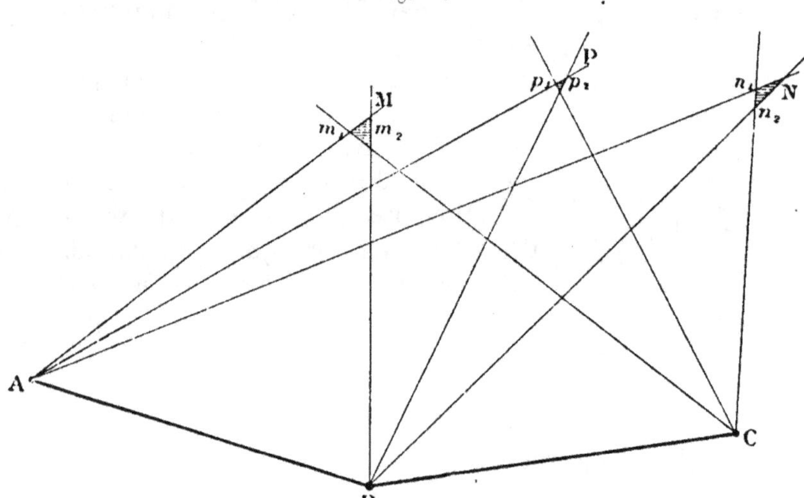

M, N, P qu'on voudra en faisant des points A, B toutes les visées possibles sur les points du terrain que l'on verra ; les troisièmes visées exécutées du point C serviront de vérification à la détermination de M, N, P en assignant aux petits triangles M$m_1 m_2$, P$p_1 p_2$, N$n_1 n_2$ la condition d'avoir des côtés inférieurs à 1 millimètre.

Ces appareils sont les planchettes et les alidades (*fig.* 54, 55, 56, 57, 58, 59).

Grande planchette.

La grande planchette (*fig.* 54 à 59) est portée sur un *pied à trois branches ;* la planchette K de ce pied

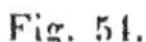

Fig. 54.

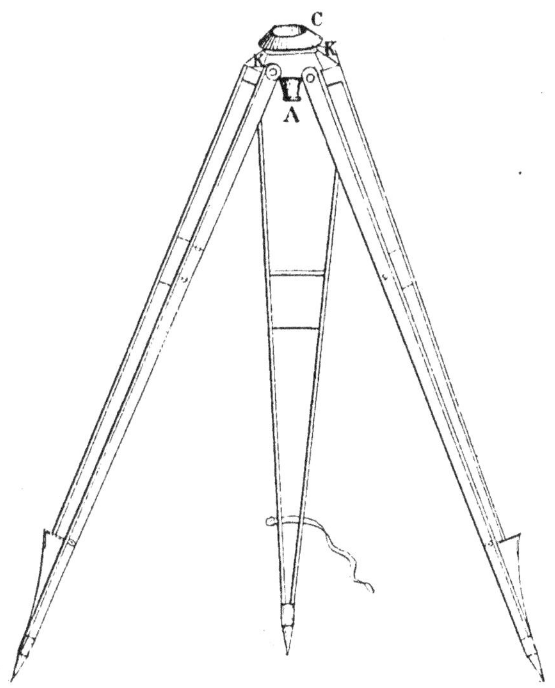

est traversée par un axe creux A, en laiton, surmonté d'une *calotte sphérique* C, en laiton, évidée autour de son pôle.

La calotte C_1 est surmontée d'un système formé de deux plateaux P, P' (*fig.* 55 et 56) reliés entre eux par une tige taraudée *b*, en laiton, qui, à l'aide de l'écrou *e*,

applique le plateau P′ sur une calotte sphérique concave C, laquelle s'applique sur la calotte C₁ et peut,
grâce à l'évidement de celle-ci, glisser sur elle et

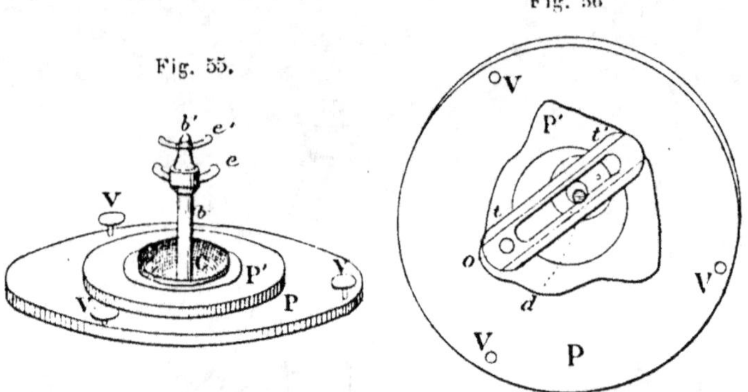

Fig. 55.

Fig. 56

entraîner dans ce mouvement les deux plateaux P, P′ et
la planchette B (*fig.* 57) qui est fixée au plateau P par
les trois vis V.

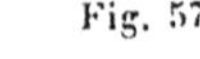

Fig. 57.

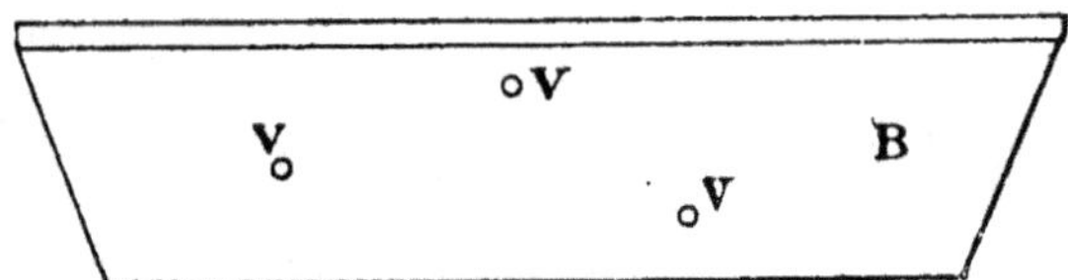

L'axe *b* traverse l'axe creux A. La planchette a donc
un mouvement de roulement sphérique. La tige *b* est
creuse et traversée par un boulon cylindrique en
laiton *b′* qui traverse la calotte C. La tête de ce boulon
est engagée dans une glissière *tt′* (*fig.* 56), laquelle
pivote autour d'un axe O et décrit un évidement circulaire pratiqué dans le plateau P. Le mouvement longi-
tudinal de la tête du boulon *b′* dans la glissière, de

même que la rotation de cette glissière autour du point O, permettent à la planchette de glisser sur un plan assez étendu.

L'écrou e sert, nous l'avons dit, à presser la calotte C contre la calotte C_1. L'écrou e' sert à presser la glissière tt' entre le plateau P' et la tête du boulon b'. Dans ce cas, la planchette est rendue solidaire de la calotte C et l'on voit que, si l'écrou e est serré, la planchette est invariablement fixée au pied par l'intermédiaire de la calotte C_1.

Si l'on desserre l'écrou e', l'axe b permet à la glissière tt' de se déplacer et de tourner dans un même plan autour du point O, ce qui permet à la planchette B de prendre un mouvement de translation plane. Ceci suppose que l'écrou e est serré.

La combinaison de ces mouvements (plan et sphérique) montre que l'on peut toujours amener la planchette dans la position que l'on veut.

Fig. 58.

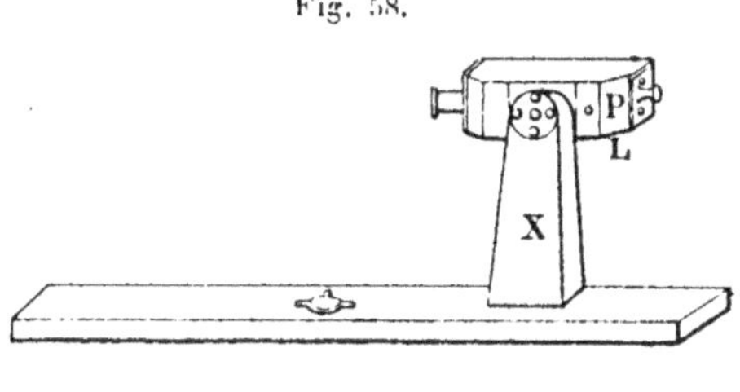

Fig. 59.

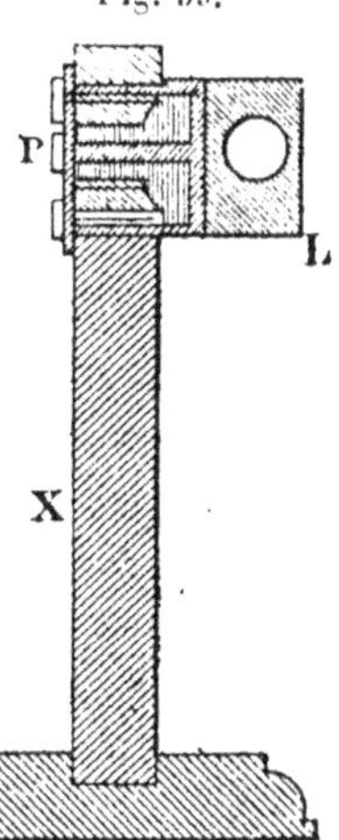

Alidade.

L'alidade est une règle en biseau qui porte un axe vertical X. Cet axe porte une petite lunette-viseur L qui décrit un plan vertical en tournant autour d'un pivot horizontal P.

Le viseur L (*fig.* 58, 59) comprend un objectif, un oculaire, avec un petit appareil de mise au point, et un réticule.

Déclinatoire.

Pour orienter la planchette, on peut y fixer un déclinatoire (*fig.* 60).

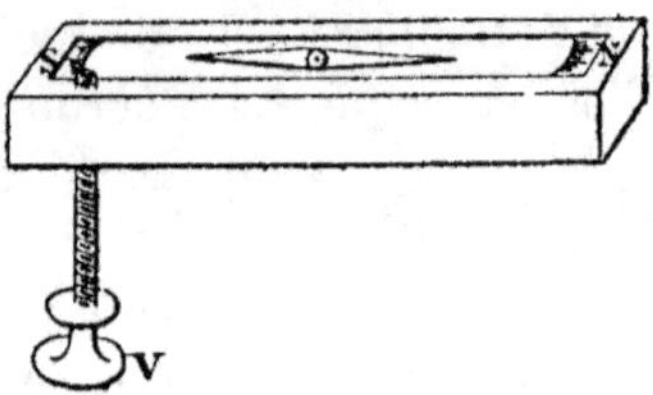

Fig. 60.

C'est une petite boîte qui renferme une aiguille aimantée ; les pointes de celle-ci se déplacent devant

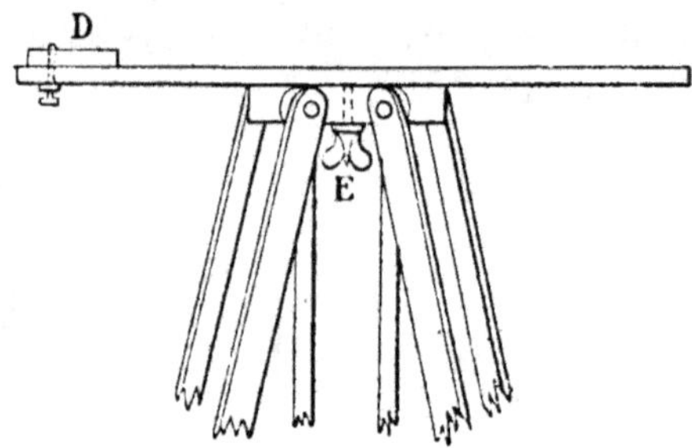

Fig. 61.

deux traits de repère. Une vis V, qui traverse un trou spécialement ménagé dans la planchette, permet de fixer le déclinatoire dans une position fixe (1).

---

(1) L'emploi du déclinatoire n'est pas indispensable pour orienter la planchette ; il ne sert que comme vérification. De peur qu'il ne change de position accidentellement entre deux séances, on l'entoure dès le début d'un trait au crayon.

USAGE DE LA PLANCHETTE. — *Levé du canevas.* —
Pour opérer par intersection comme il vient d'être dit,
il faut placer les points A, B, C (*fig.* 53) sur le dessin à
l'échelle donnée après avoir calculé avec précision les

Fig. 62.

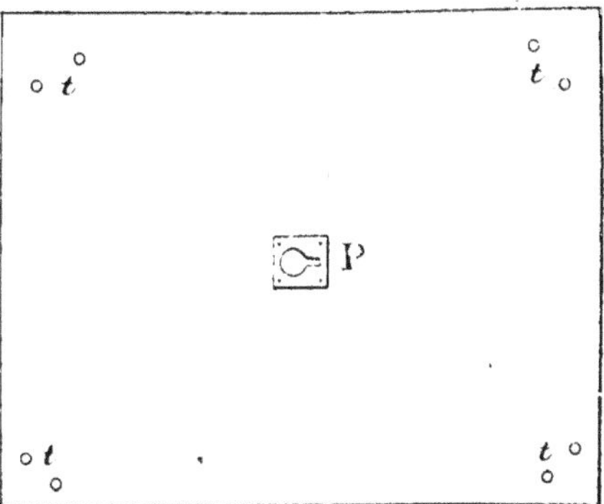

distances AB, BC à la chaîne et mesuré les orientements de ces droites avec la boussole de manière à se
réserver sur la feuille la place convenable et nécessaire
à la représentation du levé ; puis on se met en station
en A.

Mise en station. — Pour cela, on pique une épingle
en ce point. Il faut que la verticale passant par
l'épingle rencontre le piquet A. Dans ce but, on tient
devant soi un fil à plomb ; on fait déplacer la planchette jusqu'à ce qu'on voie le piquet et l'épingle A se
projeter derrière le fil à plomb, puis on va se placer
avec le fil à plomb dans un plan perpendiculaire à
celui-ci et on recommence la même opération jusqu'à
ce que l'épingle A soit au-dessus du piquet.

Orientement. — Pour orienter la planchette, on la

rend horizontale à l'aide d'un niveau placé dessus, puis on desserre l'écrou e'. On applique le biseau de la règle de l'alidade à lunette sur l'épingle A et le long de la ligne AB tracée sur la feuille ; on fait tourner la planchette dans le plan horizontal jusqu'à ce qu'on voie le point B sur le réticule du viseur. On serre alors l'écrou e'. La planchette est orientée.

Levé des autres points du terrain. — En réalité, on ne quitte pas le point A (*fig.* 53) sans avoir fait toutes les visées possibles sur les points M, N, P... que l'on peut apercevoir de ce point. C'est ce qu'on appelle « faire le tour d'horizon ».

On opère de même aux points B, C... du canevas général. Les points M, N, P... se trouvent alors sur un polygone.

En mesurant les côtés MN, NP..., on obtient les distances de ces différents points entre eux (à l'échelle du dessin).

Ces évaluations sont entachées de l'erreur commise dans les opérations sur la mise en place des points A, B, C.

Rectifications. — Il faut, pour que cet appareil donne de bonnes mesures :

1° Que la planchette soit bien orientée ;

2° Qu'elle soit horizontale pour que les visées faites en A, B, C... soient comparables ; on se sert, à cet effet, d'un niveau portatif ou de poche ;

3° Que les jalons que l'on vise soient verticaux, sans cela ce n'est plus le point sur la verticale de B que l'on vise, mais un point situé sur une verticale voisine.

Petite planchette. — La petite planchette (*fig.* 60, 61, 62, 63) est montée sur un pied à trois branches ;

un écrou E la fixe à ce pied ; en chacun de ses angles, elle est percée de deux trous permettant d'y fixer le déclinatoire décrit précédemment et qui seul permet d'orienter la planchette.

Le niveau et la règle à viseur sont remplacés par l'alidade nivelatrice (*fig.* 63).

Fig. 63.

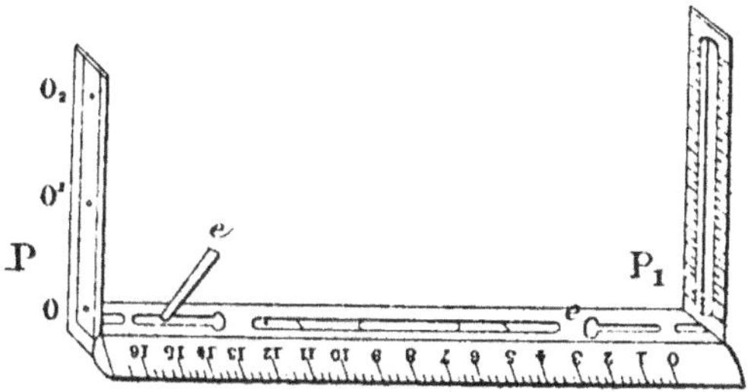

Celle-ci est constituée par une règle plate à biseau creusée en son milieu pour y placer un niveau ; deux petits excentriques *e* permettent de compléter l'horizontalité de l'alidade.

A chaque extrémité de l'alidade se trouve une *pinnule*.

La pinnule P est percée de trois œilletons ; la pinnule P₁ est percée d'une fenêtre dont l'axe est occupé par un fil vertical ; les deux bords portent chacun une graduation en sens contraire de 0 à 100 ; les points 0, 50, 100 sont situés sur les horizontales des points O, O₁, O₂.

Ces divisions expriment les pentes en centièmes.

Les pinnules P, P₁ se replient sur la règle à l'aide de charnières.

Le bord biseauté est gradué en centimètres.

Usages de la petite planchette. — Cette petite planchette s'emploie pour les levés expédiés et les levés de reconnaissance dont les échelles sont au moins de $\frac{1}{10.000}$; cela tient au peu de précision de l'alidade nivelatrice.

Remarque. — On conçoit, en effet, que plus l'échelle d'un levé est grande, plus les instruments doivent être précis, car si l'on commet une erreur de 50 centimètres sur une longueur dans un levé de $\frac{1}{500}$, l'erreur sur le papier sera de 1 mètre. Pour un levé de $\frac{1}{20.000}$, elle sera de $\frac{1}{40}$ de millimètre, quantité négligeable.

Usage de la petite planchette et de l'alidade nivelatrice. — Pour exécuter un levé avec la petite planchette, nous lèverons en même temps le canevas et les détails.

Supposons qu'on se mette en station en A (l'approximation sera suffisante); on met la planchette horizontale en agissant sur les branches du pied, puis enfin sur les excentriques e de l'alidade nivelatrice placée sur la planchette et dont le niveau indique l'horizontalité.

Ensuite on vise un point B par l'œilleton O, si la pente est ascendante, et par O_2 si elle est descendante. On dirige le rayon visuel par l'œilleton et par le fil, puis on fait passer par le point B la ligne ainsi déterminée en appuyant le biseau de la règle contre une épingle piquée en A.

Ensuite, pour avoir sur le dessin la direction AB, on

trace un trait au crayon le long du bord biseauté de la règle ; puis, pour lire la pente en centièmes, on déplace la règle de manière à voir B sur le bord de la règle, qui est graduée de bas en haut si la pente est ascendante, et de haut en bas si la pente est descendante.

Préalablement, la planchette a dû être orientée avec le déclinatoire, comme il est dit page 54. On passe ainsi du point A au point B en ayant soin de diriger de chacun de ces côtés des rayons visuels et des lignes au crayon sur tous les points visibles du canevas général et du canevas de détail. On détermine ainsi ces points par intersection.

Remarque. — Nous donnons ici la pratique de l'alidade relative aux directions et aux pentes, bien que ce dernier usage fasse partie du chapitre suivant.

DEUXIÈME PARTIE

CHAPITRE PREMIER

COMMENT SE FAIT LE NIVELLEMENT ?

L'opération du nivellement revient à chercher les points qui sont sur une même ligne de niveau, partant sur une même horizontale.

Les instruments employés sont les suivants :

Niveau de maçon.

1° LE NIVEAU DE MAÇON (*fig.* 64) sert à vérifier l'horizontalité d'une droite. C'est un triangle isocèle qui porte un fil à plomb à son sommet et un repère sur sa

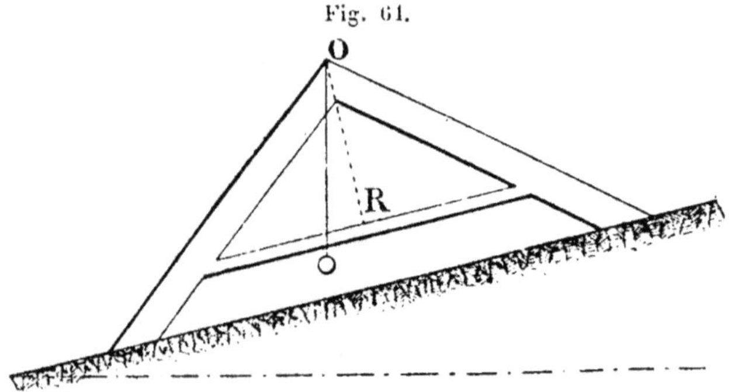

Fig. 64.

base ; OR est la direction de la verticale lorsque le triangle repose par sa base sur une droite horizontale ou sur un plan horizontal.

La figure 65 montre comment on peut mesurer une

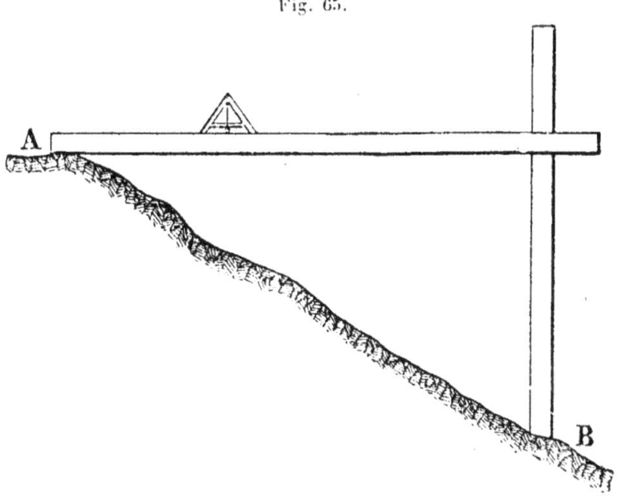

Fig. 65.

hauteur AB sur une règle graduée en rendant une autre règle horizontale.

Niveau à bulle d'air.

2° LE NIVEAU À BULLE D'AIR est composé d'une fiole renfermant du liquide. La bulle d'air revient toujours à la partie supérieure (*fig.* 66 et 67).

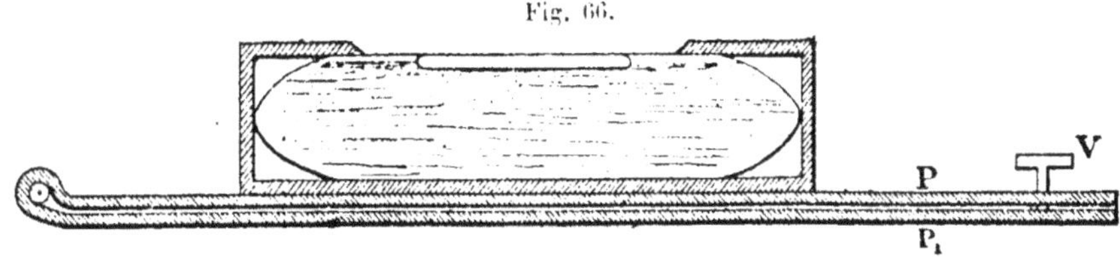

Fig. 66.

La fiole a la forme d'un tore.
On appelle *directrice* la tangente BT au point B,

milieu de la fiole, défini par deux repères symétriques A, C.

La fiole est renfermée dans un étui en laiton posé sur une planchette P qui peut, à l'aide d'une vis V, se soulever en tournant autour d'une charnière qui la relie à la planchette P_1, base du niveau.

Fig. 67.

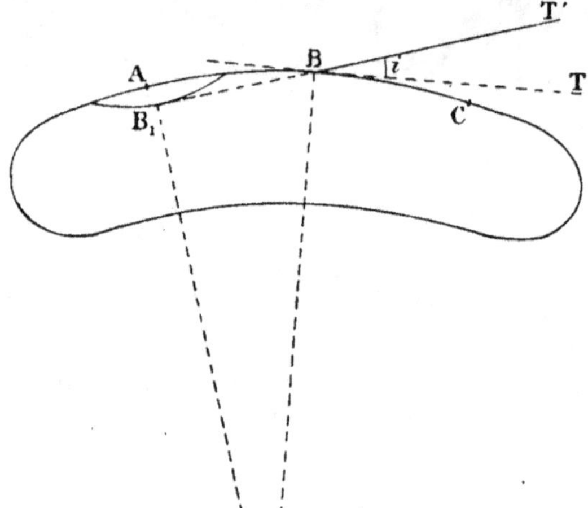

Le système est horizontal quand la bulle est entre ses repères.

Sensibilité. — Plus, les déplacements de la bulle seront grands pour une même inclinaison sur l'horizontale, plus le niveau sera sensible.

Rectification. — Il faut que la ligne d'appui de la

planchette P, soit parallèle à la direction BT de la directrice.

On s'en assure en plaçant le niveau sur un plan de pente connue i, telle que BT′ soit horizontale, puis en le retournant bout pour bout (*fig.* 68).

Fig. 68.

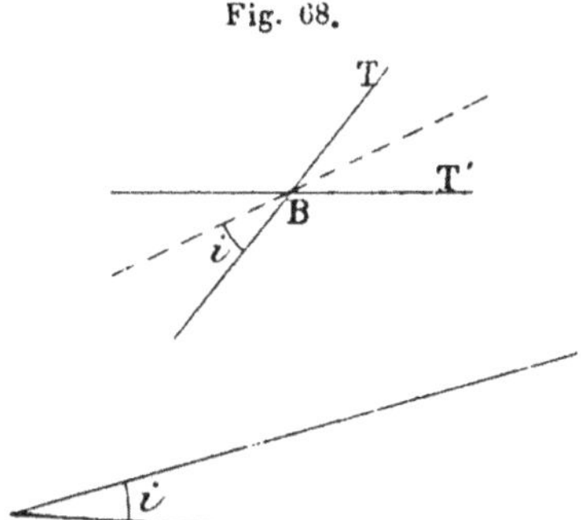

L'angle TBT′ est égal à $2i$. On agit sur la vis V de manière à déplacer la bulle de la moitié de son déplacement en sens contraire de celui-ci.

Définition. — *La ligne* AC *s'appelle la nivelle du niveau.*

Le niveau à bulle d'air, comme le niveau de maçon, sert à rendre une droite horizontale.

Modes de nivellement.

Il y a :

1° *Le nivellement direct.* — On part d'un point A de cote connue, on place entre A et B un niveau donnant une ligne de visée horizontale.

Soit aA la hauteur de mire arrière (allant de B vers A) et bB la hauteur de mire avant (allant de A vers B).

On a : cote de B = cote de A $+$ (aA $-$ bB) (*fig.* 69).
On opère avec des niveaux.

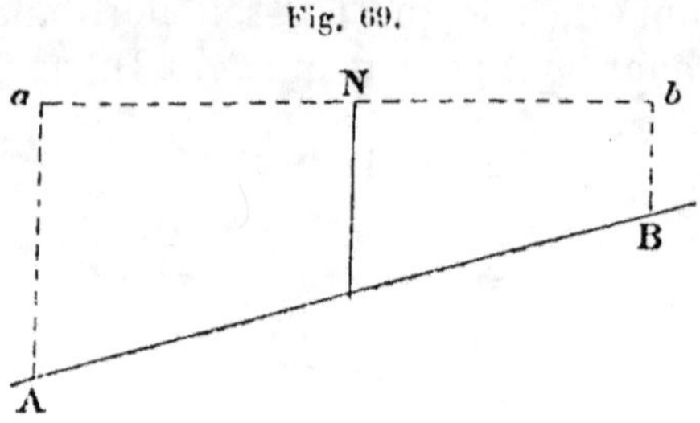

Fig. 69.

2° *Nivellement par les pentes.* — On stationne en A avec un appareil qui dirige une ligne de visée parallèlement à AB et dont on lit l'angle de pente; on a :

$$\text{Cote de B} = \text{cote de A} + \text{AB} \sin i$$
$$= \text{cote de A} + \text{AC} \operatorname{tg} i \ (\textit{fig.}\ 70).$$

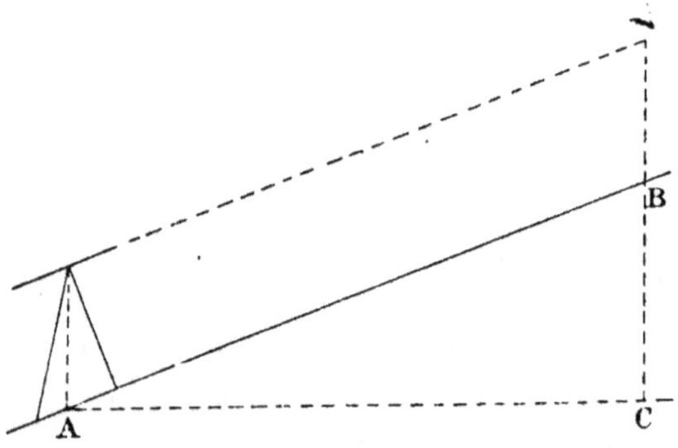

Fig. 70.

On a la cote de B en fonction de celle de A, de AC et de i.

On opère avec des éclimètres.

Procédés de nivellement.

1° *Cheminement*. — On part d'un point à cote connue, on mesure les différences de niveau successives des sommets des polygones topographiques.

Si on les ajoute à la cote de départ, on doit retrouver celle-ci lorsque l'on n'a pas commis d'erreur.

Si l'erreur n'est pas supérieure à une limite fixée, on la répartit entre les diverses mesures relatives aux sommets suivant les termes d'une progression arithmétique. Par exemple, sur quatre opérations on ajoute à la première mesure le quart de l'erreur, à la seconde la moitié, à la troisième les trois quarts, à la quatrième l'erreur entière.

2° *Intersection ou relèvement*. — On opère comme pour les visées à la planchette, en partant de points connus A, B, C. (Voir pages 7 et 8.)

REMARQUE. — Ces deux procédés s'appliquent aux canevas de nivellement.

Dans le cas des détails on emploie :

3° *Le rayonnement*, qui consiste à relier chaque point des détails à un point du canevas de nivellement.

Condition à remplir. — Il faut que, dans chaque opération, la ligne de visée du niveau soit horizontale, et que les instruments optiques employés ne soient pas entachés d'erreur de collimation.

Élimination de l'erreur de collimation. — Il y a trois moyens d'éliminer cette erreur, résultant du défaut de parallélisme de la nivelle et de la ligne de visée de la lunette.

1º *Sans retournement de l'une de ces lignes par rapport à l'autre.*

Visées réciproques pour les niveaux.

Visées directe et inverse pour les éclimètres.

2º *En retournant bout pour bout l'une des lignes par rapport à l'autre.*

Méthode de retournement pour les niveaux.

Visées à droite et à gauche pour les éclimètres.

3º *Placer la station à égale distance de deux points pour les niveaux.*

Sauter une station sur deux pour les éclimètres.

REMARQUE. — Lorsque les instruments ont un axe de rotation vertical, il faut que l'axe optique du viseur et la nivelle lui soient perpendiculaires.

Fig. 71.

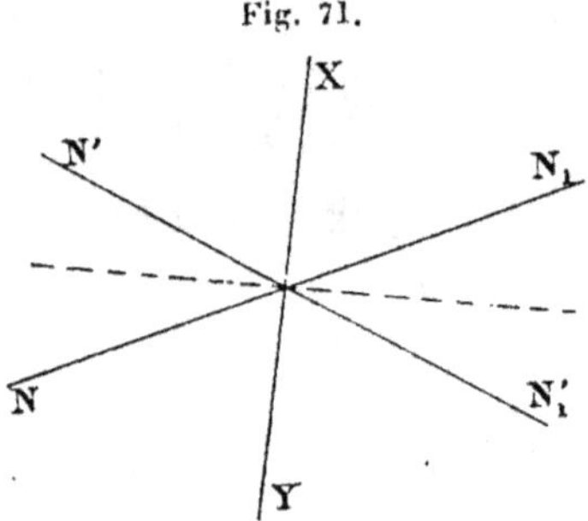

Si l'on retourne la nivelle de 180º autour de l'axe, la bulle se déplace d'un nombre de divisions $2n$, qui correspond au double de l'inclinaison de la nivelle et de la ligne de visée sur la perpendiculaire à l'axe (*fig.* 71).

On corrige à l'aide de la vis V (*fig.* 66) le déplacement de la bulle de n divisions en sens inverse.

DÉFINITION. — *On dit que la nivelle et la ligne de*

visée sont dans le CAS DE L'INDÉPENDANCE, *lorsque chacune est reliée à l'axe* XY *directement par un organe spécial.*

Dans ce cas la correction précédente se fait en rendant l'une des droites perpendiculaire à l'axe, puis l'autre parallèle à la première.

DÉFINITION. — *On dit que la nivelle et la ligne de visée sont dans le* CAS DE LA SOLIDARITÉ *lorsqu'elles sont liées d'une manière invariable entre elles et que l'une d'elles seulement est reliée à l'axe par un organe spécial.*

La correction précédente se fait en rendant les deux droites parallèles au moyen de l'organe de liaison, puis en rendant perpendiculaire à l'axe celle qui lui est reliée, ou inversement.

CHAPITRE II.

NIVELLEMENT DIRECT.

Niveaux à visée directe.

NIVEAU D'EAU.

Ce sont deux vases A, B communiquant par un tube C.

L'eau affleure dans chacun d'eux suivant un ménisque concave mm_1, en sorte que les visées passant par les deux surfaces horizontales du liquide sont très approximatives ; on peut toujours se tromper plus ou moins et prendre la ligne l' au lieu de l, ce qui donne une erreur d'autant plus grande que le point est plus éloigné (*fig.* 72 et 73).

Fig. 72.

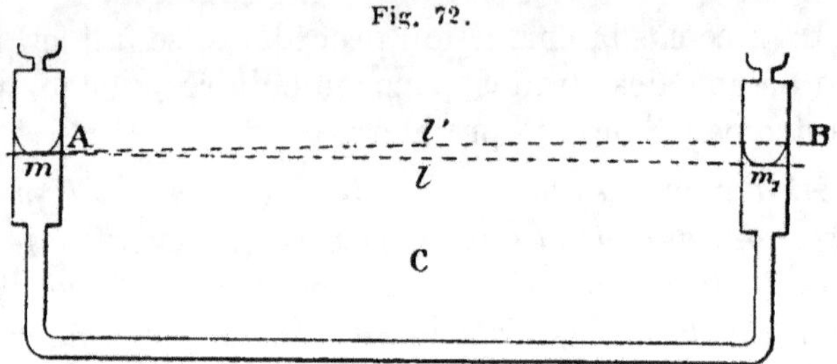

Fig. 73.

Dans cet instrument la nivelle est la ligne *l*.

NIVEAU BUREL.

Un miroir *m* est fixé à un pendule P (*fig.* 74).

Ce pendule est renfermé dans une boîte cylindrique, percée à sa partie supérieure de deux fenêtres *f* diamétralement opposées, dont le pendule et le miroir occupent la moitié. Deux supports C, C permettent à l'axe X du pendule P de laisser osciller ce pendule P formé d'une tige *t* et d'une masse pesante *p*.

Le miroir *m* est réglé de manière qu'il soit vertical quand le pendule est au repos.

Le niveau renferme dans la partie inférieure de sa

boîte une certaine quantité d'eau qui calme les oscillations du pendule.

USAGE DE CE NIVEAU. — Pour se servir de ce niveau, il faut prendre à la main un œilleton en ivoire, percé d'un trou (de visée) en son centre. Cet œilleton porte une ligne de foi f_1 dont on devra voir l'image dans le miroir m horizontale (*fig.* 74).

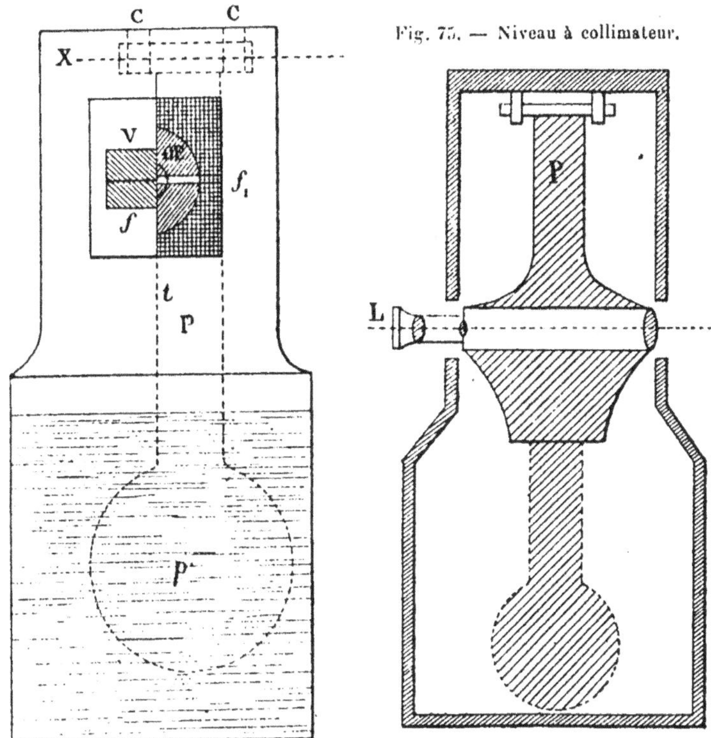

Fig. 74. — Niveau Burel.

Fig. 75. — Niveau à collimateur.

Seulement, dans cette opération, on s'arrangera de manière à ne voir dans le miroir que la moitié de l'image de l'œilleton (OE), c'est-à-dire que le trou de visée devra être sur la perpendiculaire au bord du miroir qui est à l'intérieur de la fenêtre de l'appareil.

Le niveau a préalablement été mis en station. A cet effet, on l'a fixé sur un pied à trois branches, on a rendu sa boîte cylindrique approximativement verticale, puis, une fois le pendule et par suite le miroir devenus immobiles, on s'est porté avec l'œilleton à 30 centimètres, puis à 80 centimètres du niveau, on a cherché l'image de sa ligne de foi à travers le trou de visée comme nous venons de l'expliquer.

Regardant en même temps à travers la fenêtre f, on cherche à voir la mire placée sur le piquet du point dont on cherche la cote ; on y arrive en faisant tourner le niveau autour d'un axe vertical.

Lorsqu'on a vu la mire, on fait déplacer le voyant le long de celle-ci, jusqu'à ce qu'on aperçoive sa ligne de foi dans le plan horizontal déterminé par l'œil et la ligne de foi de l'œilleton et bissectée par celle-ci.

On fait fixer le voyant sur la mire et on lit la hauteur.

Emploi du niveau Burel dans les levés (fig. 76). — Pour lever l'altimétrie du canevas ABCDE..., on se place entre les sommets AB, BC, CD... du polygone ; ainsi, on fera une première station en a entre A et B, on mesure par la visée Aa la hauteur de mire h en A, puis h_1 en B.

La cote de B est :

$$\text{Cote B} = \text{cote A} \pm (h \pm h_1).$$

On se porte ensuite en b, on fait les visées bB, bC. On a de même h_1' et h_2.

On a :

$$\text{Cote } C = \text{cote } B \pm (h_1{}' \pm h_2), \text{ etc}\ldots$$

REMARQUE. — On voit que sur un même point B, on fait deux visées bB, aB, on a deux lectures h, $h_1{}'$.

Fig. 76.

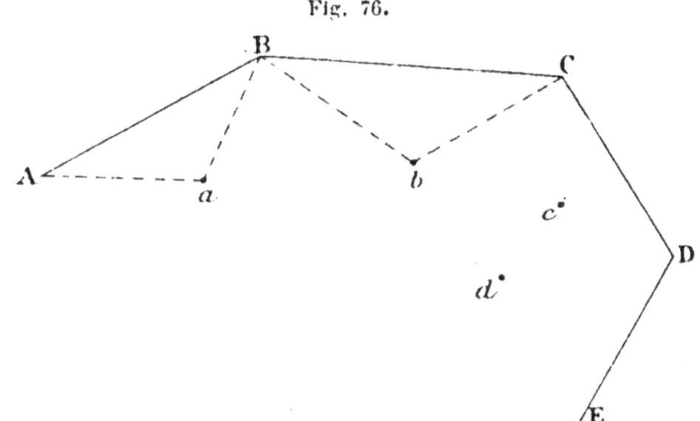

Comme vérification le polygone doit se fermer, c'est-à-dire qu'en faisant une visée sur E et sur A on doit retrouver la cote de A sans erreur sensible.

REMARQUE. — Ce niveau ne donne pas de bonnes visées au delà de 40 mètres.

Rectification. — Il faut que la nivelle (ligne allant de l'œil à l'image de la ligne de foi de l'œilleton) soit horizontale ; il faut donc que le miroir soit vertical.

Ceci est difficile à obtenir, car le miroir est fixé sur un pendule métallique soumis aux variations de la température. En faisant des visées réciproques, c'est-à-dire de A sur B, puis de B sur A, et en agissant sur une vis de rectification du miroir on le corrige de ce défaut.

NIVEAU À COLLIMATEUR.

Ce niveau est analogue au niveau Burel ; le système

du miroir et celui de l'œilleton y sont représentés par un viseur L, muni d'un objectif, d'un oculaire et d'un réticule.

Un bouton placé à la partie supérieure de la boîte presse sur un doigt intérieur, qui arrête les oscillations du pendule P dans la mise en station (*fig.* 75).

USAGES. — La mise en station et l'usage de ce niveau sont les mêmes que pour le niveau Burel ; la différence consiste en ce qu'on amène l'image de la ligne de foi donnée par l'objectif à se former sur le réticule.

Rectification. — Il faut que l'axe optique du collimateur soit horizontal, ce que l'on vérifie par visées réciproques.

Niveaux à lunette.

Il y a deux genres de niveaux à lunette :

1º Ceux dont la fiole est fixe ;
2º Ceux dont la fiole est indépendante.

NIVEAUX À FIOLE FIXE (*fig.* 77).

Une planchette P en laiton porte un axe A qui s'emboîte dans un cylindre creux B et dans lequel il peut être tenu fixe à l'aide du collier R.

Le système P, A, B, formé de pièces en laiton, est porté par un trépied reposant par trois vis calantes V sur la planchette K d'un pied en bois à trois branches.

L'axe A est creux et taraudé de manière à recevoir le boulon R' muni d'un ressort dont la poignée traverse la planchette K et appuie

NIVEAUX À FIOLE INDÉPENDANTE (*fig.* 78).

Une planchette en laiton S' porte deux fourches F, F. Sur ces deux fourches s'appliquent deux autres fourches F₁, F₁.

Le système est évidé circulairement de manière à laisser passer la lunette L dont l'axe géométrique doit coïncider avec le leur et avec son axe optique.

La planchette S porte deux tiges K, K, lesquelles traversent deux rondelles superposées C dont l'une est évidée de manière à permettre au niveau N porté par les

le trépied G sur le pied en bois. On conçoit donc que l'appareil est solidement fixé à son pied.

La planchette P porte deux fourches F sur lesquelles se vis-

fourches F_1, F_1 de tourner de 180° autour d'un axe vertical sans quitter le bâti de l'appareil lorsqu'on l'enlève par le bouton B.

Les tiges K portent un petit

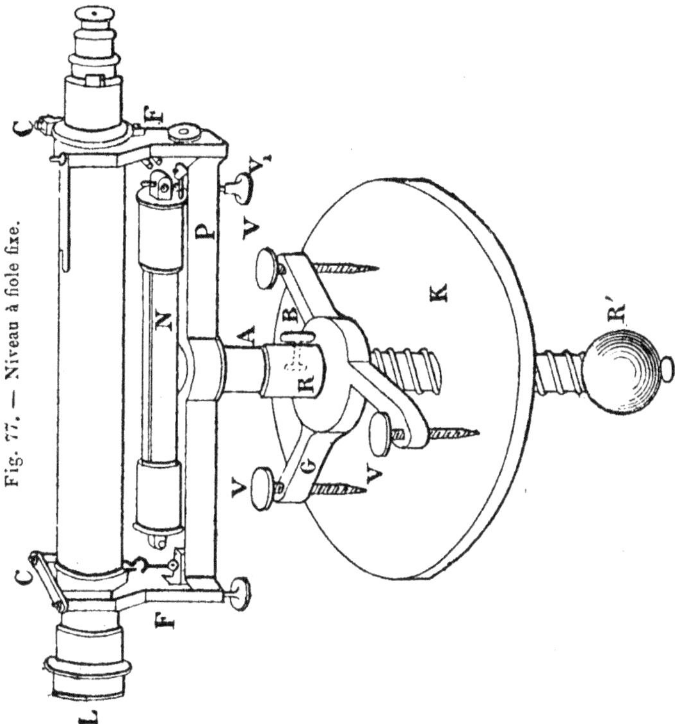

Fig. 77. — Niveau à fiole fixe.

sent deux colliers C, C. Fourches et colliers sont évidés circulairement pour donner passage à la lunette L de manière que leur axe géométrique coïncide avec celui de la lunette. Cette lunette a été construite de manière que son axe optique coïncide avec son

taquet qui les empêche de sortir des rondelles C.

La planchette S est montée sur un axe creux A terminé à sa partie inférieure par un disque D. Un trépied en laiton, muni de trois vis calantes V (fig. 77), porte un disque D_1 et un axe creux,

axe géométrique. Des vis de rec-tification sont adjointes au niveau et à la lunette.

taraudé intérieurement, qui s'em-boîte dans l'axe A. Le disque D_1 est fixé au pied de l'appareil

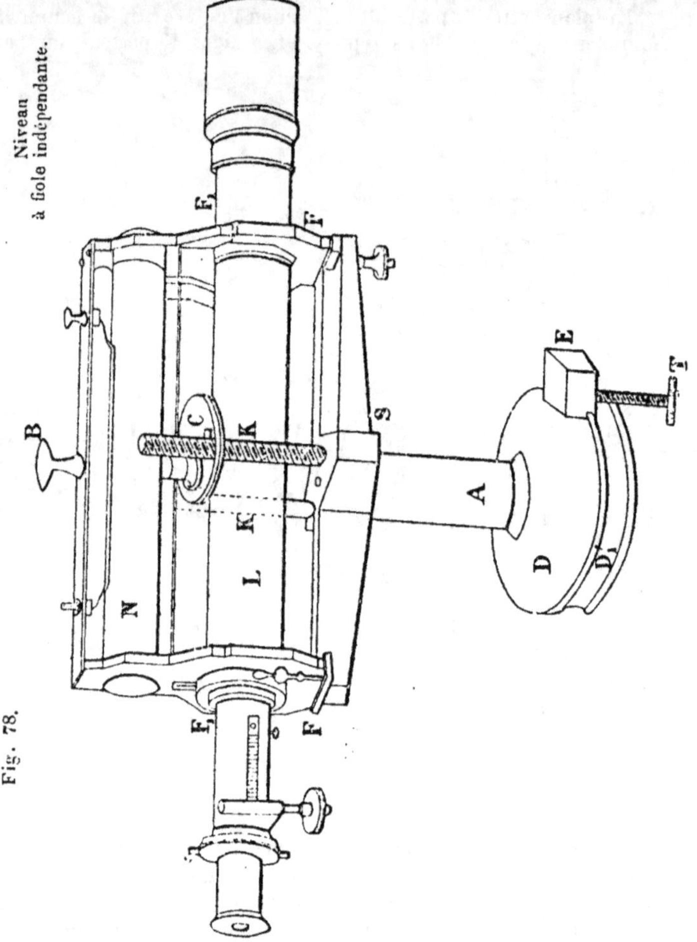

La lunette peut être retournée bout pour bout et sens dessus dessous de 180°.

comme il est dit pour le niveau à fiole fixe. Les disques D, D_1 glissent l'un sur l'autre.

La planchette P porte en outre un niveau fixe N, susceptible d'être réglé par la vis V_1.

Un collier à pince E, vissé sur le trépied et sur le disque D_1, permet de fixer le disque D à ce dernier lorsqu'on a dirigé la lunette sur le point à viser.

Disons enfin que les fourches F_1, F_1 portent à leurs extrémités supérieures les chiffres 1 et 2 ; de même, la lunette porte un taquet ne lui permettant de tourner que de 180° autour de son axe géométrique ; les chiffres 1 et 2 sont marqués sur les génératrices supérieures, dans les deux positions qu'elle peut prendre ainsi. Des vis de rectification sont adjointes au niveau et à la lunette.

EMPLOI DE CES INSTRUMENTS.

Nous avons ici le système à indépendance.

Nous avons ici le système à solidarité.

MISE EN STATION.

On commence d'abord par se mettre en station entre les deux points dont on veut avoir la différence d'altitude ; on place le trépied de manière que l'axe de l'appareil soit à peu près vertical. Pour achever cette opération, on amène (par rotation) le niveau à être parallèle à l'un des côtés du triangle formé par les vis calantes V. On agit sur les vis situées sur ce côté jusqu'à ce que la bulle indique l'horizontalité, puis on met le niveau perpendiculaire à cette direction et on agit sur la troisième vis jusqu'à ce qu'il indique l'horizontalité. On recommence en mettant le niveau parallèle à sa première direction, puis à la seconde ; lorsque la bulle est immobile, on considère l'axe comme vertical. Ensuite on procède aux visées.

*On dirige la lunette sur la mire et on agit sur une
vis V pour amener la bulle entre ses repères. On lit h
sur la mire.*

Puis on retourne la lunette bout pour bout et sens dessus dessous en dévissant les colliers C, C, et on la fait tourner de 180° autour de l'axe vertical de l'instrument ; on lit *h'* sur la mire.

Puis, ayant fait la première visée en mettant le chiffre 1 des fourches F_1 du côté du chiffre 1 qui est sur la génératrice supérieure de la lunette, on fait tourner la lunette de 180° autour de son axe géométrique. Le chiffre 2 vient à la partie supérieure. On retourne le niveau de 180° autour de l'axe vertical passant par le bouton B ; son chiffre 2 vient au-dessus de celui de la lunette. On agit sur la vis calante voulue pour mettre la bulle entre ses repères et on lit une hauteur *h*.

On a

$$H = \frac{h + h'}{2}.$$

On opère ainsi pour les canevas en se plaçant entre les sommets.

Défauts et Rectifications :

1° Il faut que l'axe des colliers et l'axe optique de la lunette coïncident.

C'est le défaut de centrage, qui se corrige par les visées réciproques ;

2° Il faut que le fil horizontal du réticule soit perpendiculaire à l'axe de l'instrument. Il faut pour cela que, dans une rotation autour de l'axe vertical de l'appareil, le fil bissecte un point visé suivant toute sa longueur.

Des petites vis permettent de le rectifier.

Il faut enfin que la nivelle et la ligne de visée soient parallèles entre elles et perpendiculaires à l'axe de l'instrument.

Mires.

Les mires sont des règles graduées munies de voyants. Ceux-ci glissent le long de la mire; ils portent une ligne de foi que l'on fait bissecter par les réticules et les lignes de visée.

Fig. 79.

Le point de la règle où s'arrête le voyant donne la lecture d'une hauteur.

MIRES ORDINAIRES (*fig*. 19, 20, 21, 22). — Ce sont des tiges carrées en bois de 2 mètres, graduées et munies d'un voyant portant une ligne de foi ou quatre carreaux.

MIRES À COULISSE (*fig*. 79 à 84). — Une tige carrée de 2 mètres porte une coulisse, également de 2 mètres, qui trouve son logement dans la tige.

Un voyant peut se fixer sur cette mire par une vis de pression.

1° Pour lire une hauteur inférieure à 2 mètres, on déplace le voyant de bas en haut; on lit la hauteur cherchée à gauche de la mire à l'aide du vernier V.

2° Pour lire une hauteur supérieure à 2 mètres, on renverse la mire, on sort la coulisse en fixant le voyant à son extrémité (*fig*. 81).

Lorsque l'opérateur arrête le voyant, on serre la coulisse sur la règle à l'aide de la vis P; le vernier V donne la lecture.

3º Pour lire une hauteur de mire en contre-bas (*fig.* 84) pour des points situés au-dessus du plan de

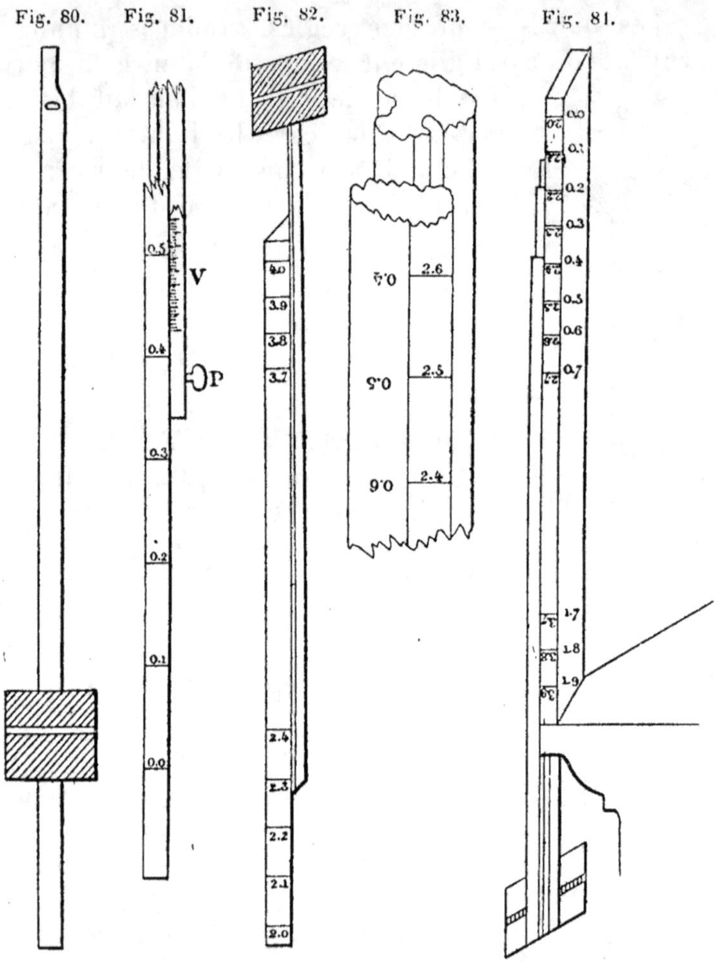

visée, on fait la lecture derrière la règle en la comptant comme négative.

MIRE PARLANTE. — C'est une règle analogue à la stadia (voir *Stadia* et *fig.* 23).

Les traits sont espacés de 1 centimètre ; ils sont rouges et épais de 1 centimètre ; la lecture se fait directement sur le réticule de la lunette du niveau.

La mire repliée autour de sa charnière a 2 mètres de hauteur ; développée, elle a donc 4 mètres.

Un perpendicule permet de s'assurer de sa verticalité.

Un jalon permet de l'arc-bouter et de la consolider.

CHAPITRE III.

NIVELLEMENT PAR LES PENTES.

Éclimètre.

Une lunette L entraîne dans sa rotation autour d'un axe horizontal (projeté en O) un secteur S muni d'un vernier (*fig.* 85). Ce secteur se déplace devant un limbe vertical B, porté par un trépied A et par un axe C rendu vertical à l'aide d'un niveau N.

USAGE. — On met l'instrument en station en calant l'axe comme il a été dit pour le niveau à lunette ; on amène la bulle entre ses repères, puis on bissecte avec le fil du réticule le point visé.

Lire la pente sur le limbe.

Les pentes ascendantes sont positives, les pentes descendantes sont négatives.

Emploi. — Ces instruments servent au cheminement et à l'intersection.

Rectification. — Il faut que la ligne de visée zéro soit parallèle à la nivelle.

Fig. 85.

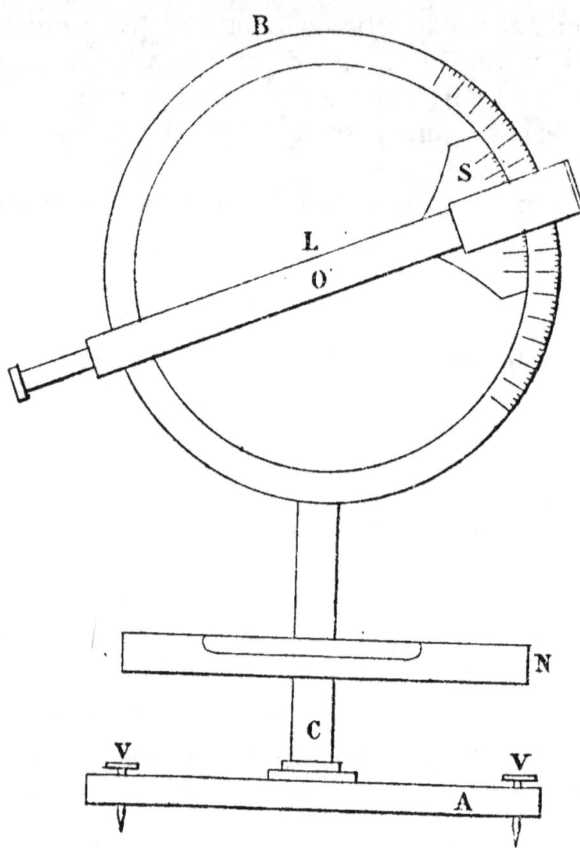

Ce défaut de parallélisme peut être corrigé en visant à droite et à gauche suivant cette ligne zéro. C'est la méthode de retournement.

On distingue :

Les *éclimètres à limbe fixe* : celui-ci est fixé au bâti

de l'instrument. La fiole est rectifiée par une vis spéciale, de même que le réticule de la lunette (système de l'indépendance) ;

Et les *éclimètres à limbe mobile*, que l'on peut fixer au trépied A à l'aide d'une vis. La fiole possède une vis qui rectifie à la fois la nivelle et la ligne de visée zéro (système de la solidarité).

Boussoles à éclimètre.

Les boussoles à éclimètre comportent : 1º une boussole B ; 2º un niveau N ; 3º un éclimètre comprenant la

Fig. 86.

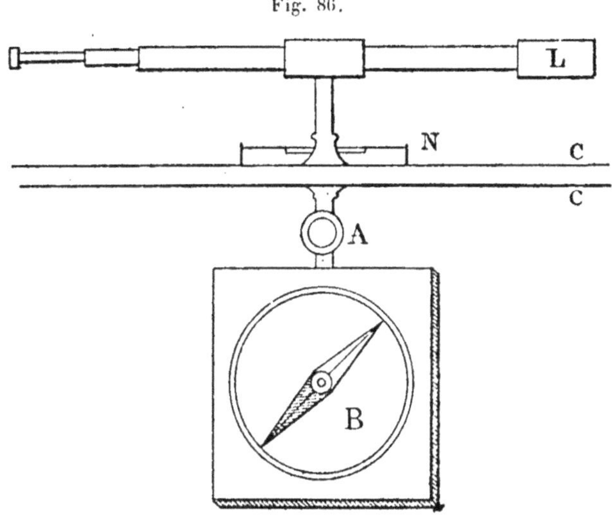

lunette L et le limbe mobile C, qui se déplace avec elle devant le limbe fixe C, porté sur un pied à vis calantes par un axe vertical (*fig.* 86 et 87).

On conçoit comment cet appareil permet de calculer :

1° Les orientements avec la boussole ;

2° Les altitudes si l'on veut, avec la lunette et le niveau, en se servant de la ligne de visée zéro ;

3° Les pentes avec la lunette et les limbes C, C_1.

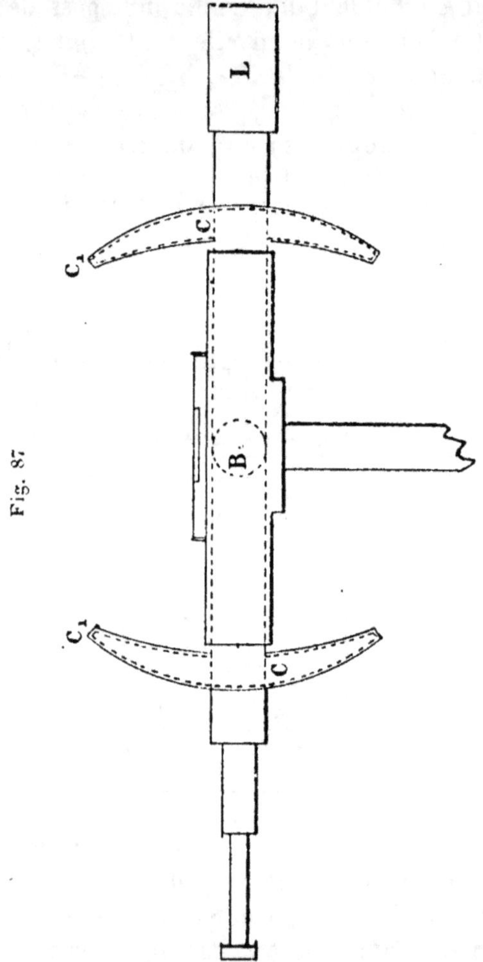

Usage. — Ces appareils se mettent en station comme

il a été dit pour les niveaux. On les emploie pour le cheminement et le procédé par intersection. Ils ont servi pour lever la carte à $\dfrac{1}{80.000}$ du Ministère de la guerre.

Tachéomètre.

Cet appareil s'emploie comme le précédent.
Un axe vertical A, réglé comme ceux des appareils

Fig. 88.

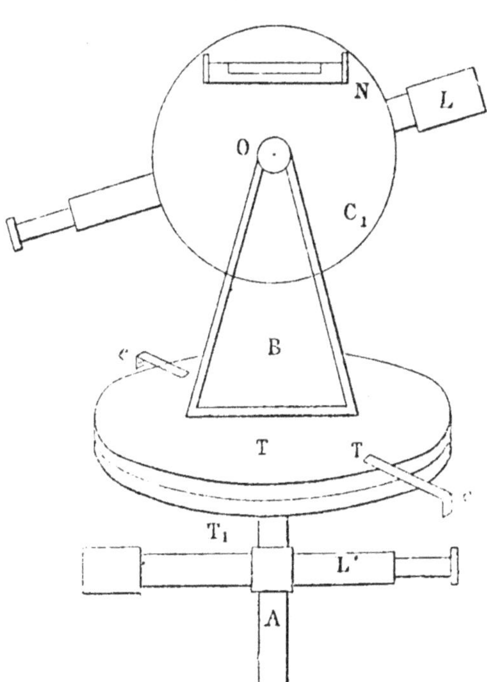

précédents, porte un tambour T_1, dont la tranche est divisée en grades, sur lequel glisse un tambour T.

L'axe A porte en outre un déclinatoire L', muni d'un oculaire α (*fig.* 89), d'une aiguille aimantée l dont les pointes sont relevées et portant au milieu de son axe une demi-lentille β qui donne en l' l'image de la pointe de l'aiguille qui se trouve près du verre à vitre d, lequel ferme le déclinatoire et l'éclaire intérieurement.

Fig. 89.

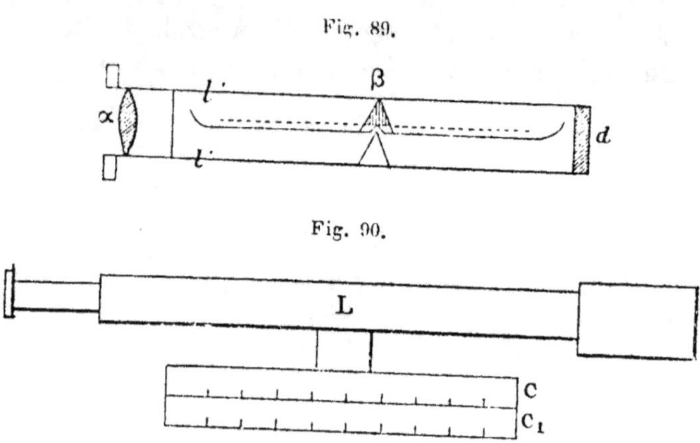

Fig. 90.

Le tambour T porte un bâti B, qui supporte lui-même deux limbes verticaux C, C, dont l'un, C_1, est fixe; l'autre limbe C est entraîné par une lunette L dans son mouvement de rotation autour de l'axe horizontal projeté en O. La lunette L est anallatique. N est un niveau porté par le limbe C_1.

Le tambour T glisse sur le tambour T_1 en tournant autour d'un axe vertical qui se raccorde intérieurement avec l'axe A.

C, C sont deux loupes qui se déplacent devant les tambours T, T_1 et permettent de lire leurs graduations.

Usage. — L'appareil se met en station comme le précédent.

Emploi. — Il donne :

1º Les distances, à l'aide d'un cuthymètre et de la lunette L, qui est stadimétrique et anallatique (voir *Stadias*) ;

2º Les orientements, à l'aide du déclinatoire et des limbes T, T_1 ;

3º Les pentes, à l'aide de la lunette L et des limbes C, C_1 ;

4º Les hauteurs, si l'on veut, à l'aide du niveau et de la ligne de visée zéro.

Orientement. — On oriente le tachéomètre comme la boussole.

Décliner le tachéomètre. — Même opération que pour la boussole.

Remarque. — Les mesures possibles avec le tachéomètre sont soumises aux mêmes lois et aux mêmes observations que celles que nous avons exposées pour les autres instruments : stadias, niveaux à lunette, éclimètres, etc.

Rectifications :

1º Régler les vis butantes de telle sorte que le fil horizontal du réticule soit perpendiculaire à l'axe vertical de l'appareil ;

2º Rendre les fils du réticule perpendiculaires en vérifiant que l'un (dans le mouvement horizontal) et l'autre (dans le mouvement vertical) bissectent un même point ;

3º Rendre comme précédemment (éclimètre) la ligne de visée zéro parallèle à la nivelle.

Règle à éclimètre.

La règle à éclimètre s'emploie avec la petite planchette déclinée (voir *Petite planchette*).

Fig. 91.

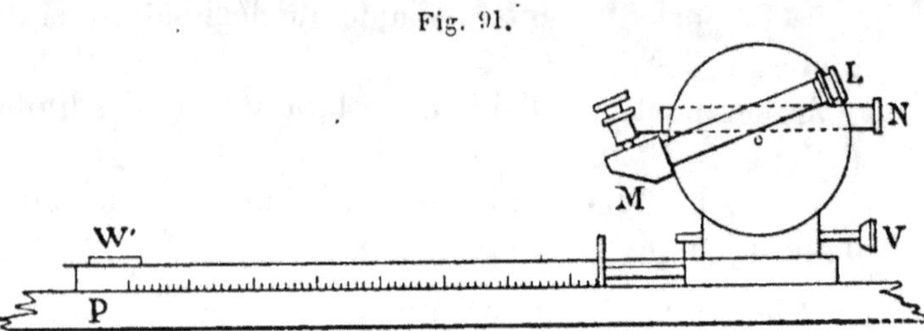

Une règle BRB (*fig. 91, 92, 93*) contient une coulisse R ; elle a deux biseaux B portant chacun une graduation (généralement R est la coulisse d'une règle à calculs).

Fig. 92.

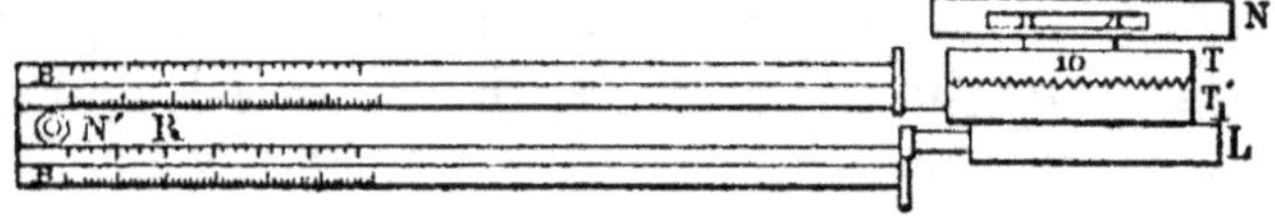

Cette coulisse porte à son extrémité un tambour vertical T denté, muni d'un niveau N. Le tambour T porte en son centre un axe horizontal autour duquel pivote un tambour T_1, également vertical, dont les dents s'emboîtent dans celles du tambour T.

Un ressort central applique le tambour T_1 sur le tambour T.

Ce tambour T_1 porte une lunette L retournée à angle droit.

Un miroir M, incliné à 45° sur l'axe optique, renvoie les images fournies par l'objectif. En même temps, on

aperçoit à travers l'oculaire une image photomicrographique (*fig.* 93) d'un disque partagé par un dia-

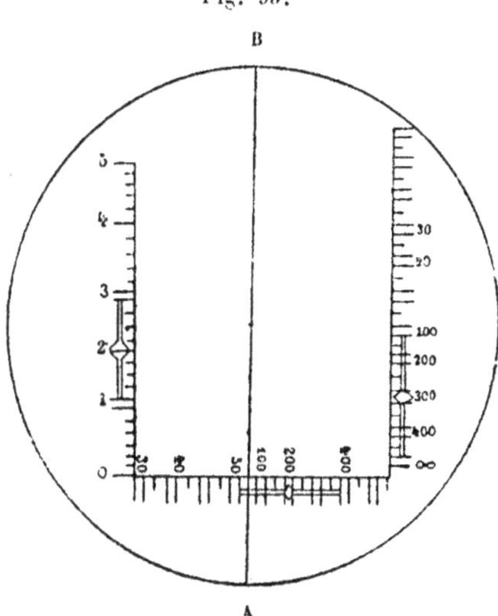

Fig. 93.

mètre vertical AB. On remarque, sur le côté droit et
sur le bord inférieur de ce disque, une division en distances de 0 à $+\infty$; et, sur le côté gauche, une division en grades allant de 0 à 5 grades et donnant une
approximation de 10 minutes.

Le tambour T porte une division en grades de 0 à
200 de part et d'autre de sa génératrice supérieure O ;
le tambour T₁ porte un index qui permet de lire les
divisions.

Chaque dent correspond à 5 grades.

Une vis V permet de rectifier le niveau.

Jalon-mire.

La règle à éclimètre est complétée par un jalon-

Fig. 94.

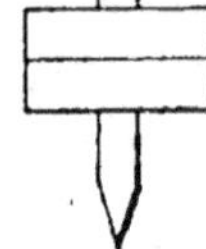

mire. Celui-ci (*fig.* 94) est une règle qui porte deux voyants rectangulaires, écartés de 2 mètres, et un voyant en losange placé entre les deux premiers. Chaque voyant porte une ligne de foi.

Le jalon se termine par une pointe.

USAGE. — Cette règle s'emploie pour les levés de grande étendue. La planchette est mise en station comme il a été dit pour la petite planchette.

On marque, avec une épingle, le point P où l'on se trouve.

On vise le point suivant, Q, avec la lunette L, de manière que son image se forme sur AB (*fig.* 93) ; à cet effet, on enfonce un piquet en ce point, l'aide y pique son jalon verticalement ; on s'arrange de manière à voir sur AB la ligne de foi des voyants.

Distances. — Pour mesurer la distance PQ, on déplace légèrement la lunette de manière à voir la ligne de foi de l'un des voyants sur la division ∞ de la graduation des distances ; l'autre ligne de foi occupe sur la division une position qui indique, par une lecture évaluée à vue, la distance PQ.

Pentes. — On s'arrange de manière à mettre toujours la planchette en station à la même hauteur (1) ; le voyant en losange est

---

(1) A cet effet, on met toujours la planchette à la hauteur d'un même bouton de sa tunique.

distant du bout sans pointe du jalon d'une longueur égale à cette hauteur.

On pose donc le bout sans pointe sur le piquet Q, on vise la ligne de foi du losange, elle s'arrête en un point de la division en grades (*fig.* 93) qui donne la pente.

A cet effet, on déplace la règle pour que le voyant forme son image sur cette graduation.

Les pentes ascendantes sont positives, les pentes descendantes sont négatives.

REMARQUE. — S'il y a des branches ou des buissons qui empêchent de tenir le jalon-mire vertical pour la mesure des distances, on le tient horizontal. On fait alors la lecture à partir du point ∞ de la division horizontale des distances sur la figure 93.

RECTIFICATIONS. — Il y a toujours erreur de collimation.

L'axe optique et l'axe géométrique de la lunette ne coïncident pas, en général ; de plus, la nivelle et l'axe optique ne sont pas parallèles.

On corrige cette erreur par le procédé des visées directes et inverses.

PRATIQUE DE L'INSTRUMENT. — On stationne, par exemple, en B; on mesure la pente BC, la distance BC; l'angle $\widehat{ABC}$ est construit en plantant une épingle en B, en visant BA après avoir mis l'aiguille du déclinatoire dans son plan magnétique, puis ensuite en visant BC ; les traits tracés sur le biseau de la règle font entre eux l'angle $\widehat{B}$.

Ensuite, après avoir porté à l'échelle la distance BC sur le dessin, on place la règle au point C, on mesure la distance et la pente de cette droite par les visées inverses ; les résultats doivent être égaux et de signe contraire.

S'il n'en est pas ainsi, on calcule en minutes la différence donnée pour les pentes et l'on agit sur la vis V du niveau de manière à déplacer sa bulle en sens inverse de la moitié de ce nombre de minutes.

Fig. 95.

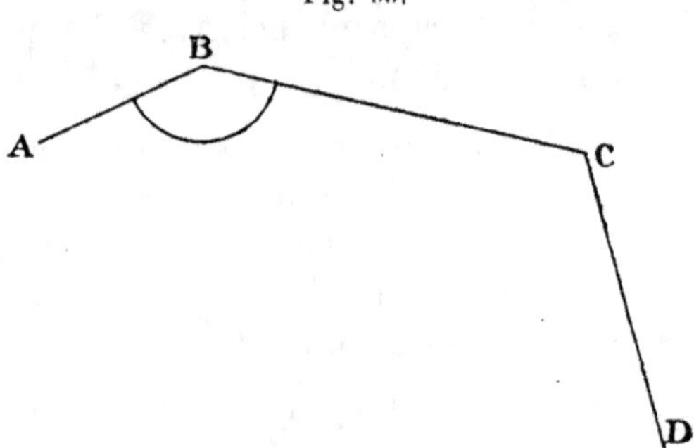

Précision. — Pour des visées qui ne dépassent pas 200 mètres, cette règle donne une bonne approximation, pourvu que l'échelle du levé soit au moins $\frac{1}{10.000}$.

On emploie la règle à éclimètre pour le cheminement.

APPLICATION DU NIVELLEMENT.

Relief du terrain.

NIVELLEMENT DU CANEVAS GÉNÉRAL.

Nous avons vu que le canevas est nécessaire pour exécuter un levé.

On peut en exécuter le levé de diverses manières :

1° *Par cheminement.*

L'appareil le plus précis à employer sera le niveau à lunette.

L'éclimètre est plus rapide, mais moins précis.

2° *Par intersection ou relèvement.*

On emploie les éclimètres précis.

NIVELLEMENT DE DÉTAIL.

On peut opérer :

1° Par rayonnement, avec un appareil de nivellement direct ;

2° Prendre les cotes des sommets d'un quadrillage sur le terrain.

SECTIONS HORIZONTALES.

Le meilleur moyen de figurer le terrain sur le papier est de déterminer les courbes de niveaux ayant des cotes déterminées en progression arithmétique et de les représenter sur le dessin.

On peut employer divers procédés :

1° *Filé d'une courbe.*

Ce procédé consiste à déterminer sur le terrain les

points ayant la cote donnée de l'horizontale à déterminer.

On part d'un repère R dont on a la cote α, on met le
niveau en station en un point quelconque ; soit C la
cote de la courbe à filer ; on a : $N = \alpha + H$ (*fig.* 96).

Fig. 96.

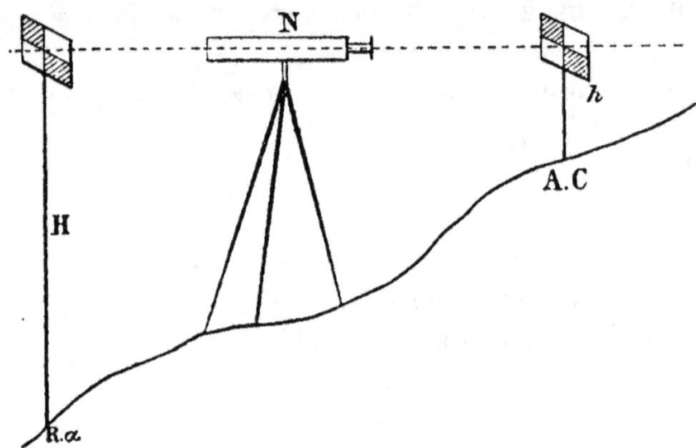

N est la cote du plan horizontal de visée ; H est la
hauteur de mire au point R.

On a donc, au point A de la courbe de cote C,

$$C + h = N = \alpha + H$$

ou

$$h = (\alpha + H) - C.$$

On donnera donc au voyant la hauteur $h = (\alpha + H) - C$
sur la mire et on promènera la mire verticalement sur
le terrain ; on notera (par le procédé qu'on voudra)
sur le dessin tous les points pour lesquels la ligne de
foi du voyant viendra former son image sur le réticule
de la lunette, celle-ci décrivant un plan horizontal.

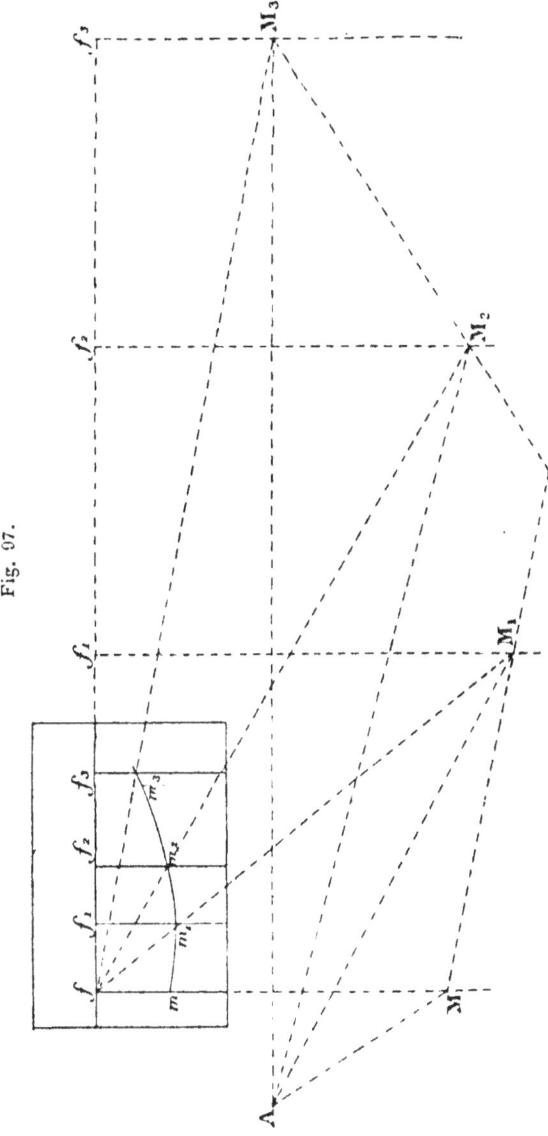

Fig. 97.

2° *Procédé des profils.*

Jalonner sur le terrain des profils $f, f_1, f_2\ldots$, les reporter sur le dessin et chercher les points de la courbe horizontale situés sur ces profils.

On détermine comme il vient d'être dit la hauteur à donner au voyant, on fait déplacer la mire dans chaque profil, on se met en station en un point A quelconque avec le niveau et l'on arrête la mire quand on aperçoit la ligne de foi sur le réticule.

On a mis préalablement la planchette en station en un point f représenté sur le dessin; on pique une épingle en ce point; on vise ensuite la mire arrêtée avec l'alidade à lunette ou la règle à éclimètre; on trace un trait le long du biseau de la règle ; le point où ce trait rencontre le profil du dessin sur lequel est la mire est un point de la courbe de niveau (*fig.* 97). Ainsi les points $M, M_1, M_2\ldots$ sont des stations de la mire. Ce sont des points de l'horizontale cherchée.

REMARQUE. — La planchette est mise en station une fois pour toutes.

La distance Mf se mesure avec la chaîne d'arpenteur.

MARQUER SUR LES CÔTÉS D'UN CANEVAS LES POINTS À COTE RONDE.

1° Soient A, B deux sommets d'un canevas dont les points ont pour cotes des nombres décimaux (*fig.* 98).

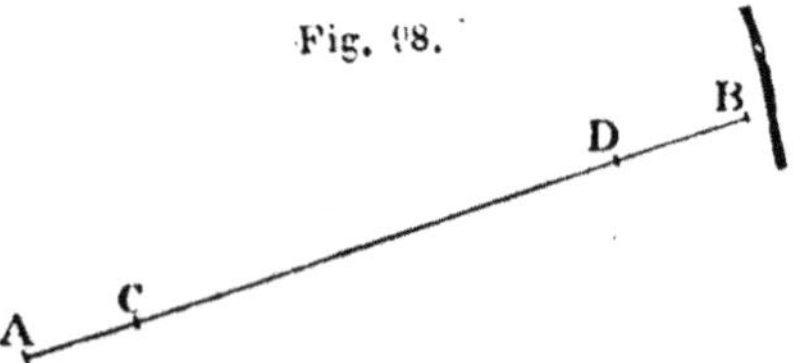

Nous voulons trouver les points C à cote ronde (ou entière).

Supposons que C a pour cote $N + 1$.

Soient $N + h$ et $N' + h'$ les cotes de A et B.

On a

$$\frac{(N' + h') - (N + h)}{AB} = \frac{(N' + h') - (N + 1)}{CB},$$

d'où

$$CB = AB \frac{(N' + h') - (N + 1)}{(N' + h') - (N + h)}.$$

De même, pour le point D de cote N', on a

$$\frac{(N' + h') - (N + 1)}{CB} = \frac{N' - (N + 1)}{CD},$$

donc

$$CD = CB \frac{(N') - (N + 1)}{(N' + h') - (N + 1)}.$$

On a finalement

$$CD = AB \frac{(N' + h') - (N + 1)}{(N' + h') - (N + h)} \times \frac{(N') - (N + 1)}{(N' + h') - (N + 1)},$$

$$CD = AB \frac{(N') - (N + 1)}{(N' + h') - (N + h)}.$$

En divisant CD en autant de parties égales qu'il y a d'unités dans $N' - (N + 1)$, on a un égal nombre de points à cote ronde ;

2° Si on a la pente de AB et la cote $N + h$ de A, on a

$$\text{cote de B} = \text{cote A} + AB \sin i = N' + h'$$

ou

$$N' + h' = N + h + AB \sin i.$$

On calcule à l'aide de l'angle i les longueurs ax, xz, puis xy, yz, etc., comme précédemment (*fig.* 99).

Fig. 99.

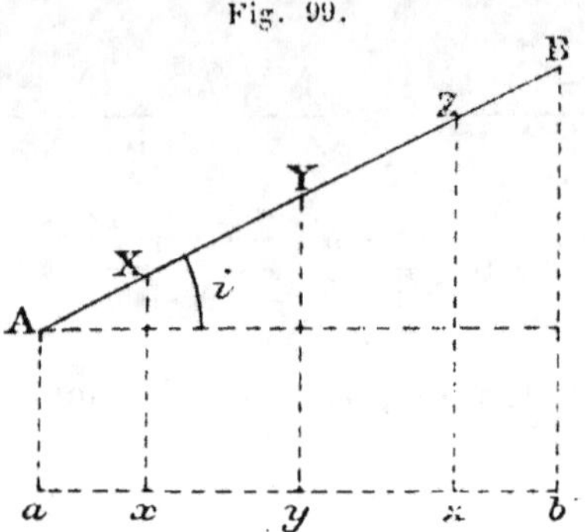

NIVELLEMENT DANS LES DIVERS GENRES DE LEVÉS.

Grandes échelles (terrains à pentes douces).

PROCÉDÉS À SUIVRE.	INSTRUMENTS À EMPLOYER.
Nivellement direct. Filer les horizontales par le procédé des profils.	Niveau à lunette avec planchette ou boussole, boussole à éclimètre ou tachéomètre.

Grandes échelles (terrain varié).

Nivellement direct dans les parties plates. Nivellement par les pentes dans les parties accidentées. Tracer les courbes en cherchant les points à cote ronde.	Boussole à éclimètre ou tachéomètre.

Petites échelles (levés précis).

Nivellement par les pentes, amorcer les courbes.	Petite planchette avec règle à éclimètre ou alidade nivelatrice.

Petites échelles (levés rapides).

Nivellement par les pentes. Représenter le terrain à vue.	Alidade nivelatrice et instruments de reconnaissance.

DÉFINITIONS. — On appelle *équidistance métrique* des courbes la distance verticale des lignes de niveau exprimée en mètres.

On appelle *équidistance graphique* l'équidistance métrique prise à l'échelle du dessin.

TROISIÈME PARTIE

MÉTHODES DE LEVÉS

CHAPITRE PREMIER.

LEVÉS DE GRANDE ÉTENDUE.

MÉTHODE GÉNÉRALE.

On exécute d'abord un *canevas d'ensemble.*

C'est un polygone qui comprend les positions et les cotes d'un petit nombre de signaux répartis sur le terrain.

On lève ces points avec des mesures précises et directes.

Comme nous l'avons dit page 12, les opérateurs se répartissent le canevas d'ensemble et construisent chacun leur portion avec assez de précision pour que, en accolant tous ces fragments, on ait un polygone fermé.

Canevas général. — Avant de passer au canevas de détail, si les points du canevas d'ensemble A, B. C, D, E sont trop éloignés, on détermine des points plus resserrés a, b, c, d, e (par le procédé par intersection, par exemple) à l'aide des points A, B, C, D, E. Les points A, B, C, D... a, b, c, d, e... forment le canevas général

de l'opérateur, qui s'appuie sur la fraction ABCDE du canevas d'ensemble.

Canevas de détail. — Puis on appuie, sur ce dernier canevas, des points qui serrent de près les détails du terrain. On obtient ainsi le canevas de détail (*fig.* 100).

Fig. 100.

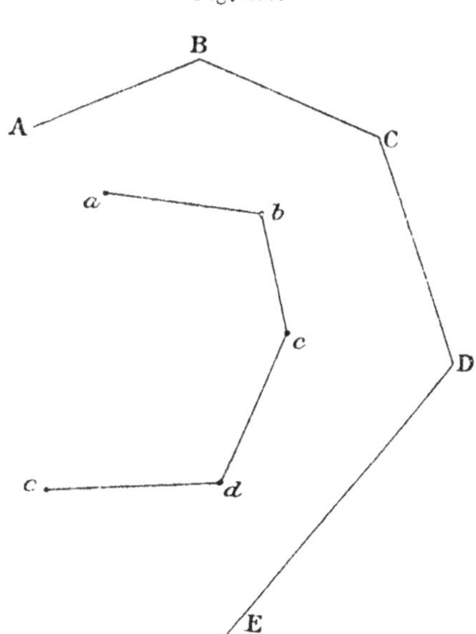

REMARQUE. — Lorsque le levé nécessite plusieurs opérateurs, on détermine la méridienne du lieu, et chacun exécute sa feuille de la même manière.

Levé du canevas d'ensemble.

Planimétrie. — La méthode la plus généralement usitée pour ce levé est le procédé par intersection avec la grande planchette et l'alidade à lunette.

On détermine de même et en même temps le canevas général.

On fait d'abord une reconnaissance du terrain et l'on met des piquets ou des jalons munis de fiches blanches aux points remarquables du canevas pour compléter celui-ci et rendre ses sommets visibles de loin.

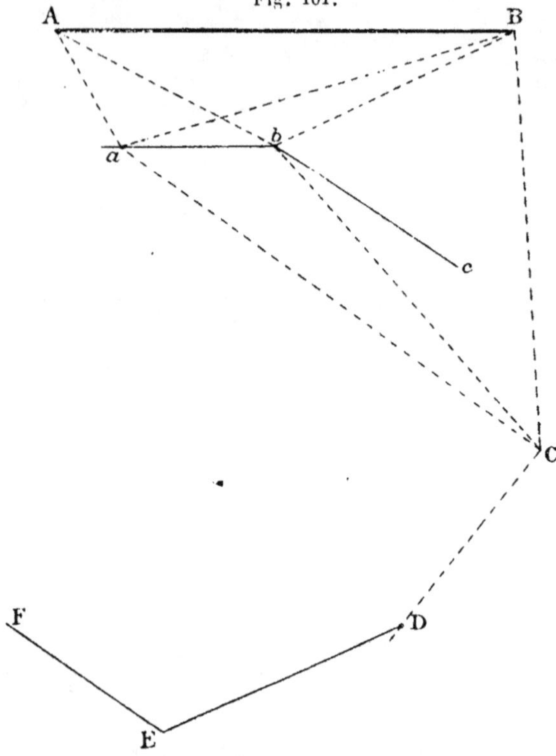

Fig. 101.

Base. — On détermine avec précision sur la feuille, par cheminement avec la boussole et la chaîne d'arpenteur, trois points A, B, C du canevas d'ensemble (*fig.* 101). On mesure leurs distances avec soin. On choisit pour base la droite qui joint deux d'entre eux, A et B par exemple. *Il faut que ces points permettent d'effectuer aisément les mesures et les visées relatives à la détermination d'un certain nombre de points du canevas général. Le procédé par intersection donne ensuite les points* D, E, F..., *a, b, c...*

Les points *a, b, c...* sont des stations du second ordre par rapport aux points A, B, C... On voit donc que si ces derniers sont déterminés avec une certaine erreur, les points *a, b, c...* s'en ressentent.

REMARQUE. — Il faut que la ligne AB soit une ligne caractéristique du terrain, ou tout au moins que ses extrémités soient visibles d'une grande partie du levé. De plus, il faudra la tracer judicieusement sur la feuille, de manière à pouvoir y placer convenablement le dessin.

DÉTERMINATION DE LA BASE. — On place un piquet en A et B.

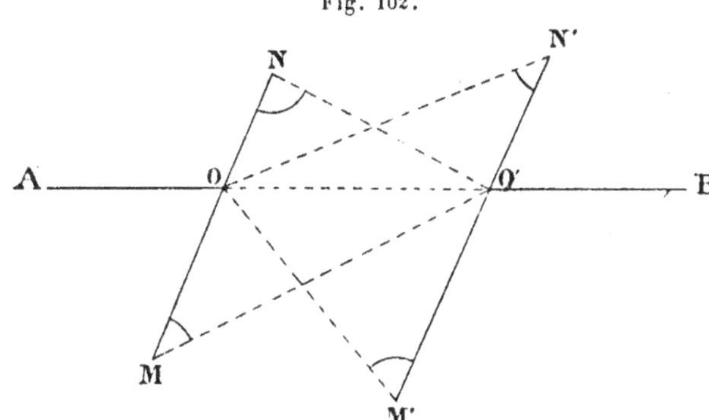

Fig. 102.

On mesure au quintuple mètre (*fig.* 102).

S'il y a un obstacle sur la base, pour avoir sa longueur voici comment on opère :

On mesure et détermine en grandeur et direction, de part et d'autre de l'obstacle, deux bases auxiliaires MN, M'N'; on mesure AO, BO', puis on détermine les angles $\hat{M}$, $\hat{N}$, $\hat{M}'$, $\hat{N}'$, ensuite on les reporte sur le dessin. On a donc facilement OO'.

REMARQUE. — Répétons encore que la feuille a dû préalablement être invariablement fixée à la planchette ; que l'on doit à chaque station vérifier l'orientement de celle-ci, comme nous l'avons expliqué page 33, et que les points A, B, C, D... doivent être choisis de telle sorte que, de l'un quelconque d'entre eux, on puisse voir au moins trois des autres points.

Les directions des côtés des polygones doivent être tirées en traits fins et longs.

NIVELLEMENT. — Pour avoir un levé précis, on fait le nivellement par cheminement, en employant le niveau à lunette.

Si l'on a besoin de moins de précision, on emploie l'éclimètre avec le procédé par intersection.

Méthodes relatives aux diverses espèces de levés.

DIVERSES ESPÈCES DE LEVÉS. — Les levés sont caractérisés d'après leur échelle.

On distingue :

Les levés de topographie détaillée (grandes échelles : $\dfrac{1}{500}$, $\dfrac{1}{1.000}$, $\dfrac{1}{2.000}$);

Les levés de topographie générale (moyennes échelles : $\dfrac{1}{5.000}$, $\dfrac{1}{10.000}$, $\dfrac{1}{20.000}$);

Les levés chorographiques $\left(\text{petites échelles} : \dfrac{1}{50.000},\right.$ $\left.\dfrac{1}{100.000}, \dfrac{1}{200.000}\right)$.

Topométrie et Topographie. — Le travail comprend, pour chaque levé :

1° La topométrie, qui est l'ensemble des mesures à prendre ;

2° La topographie, opération de sentiment, dessin d'imitation du terrain.

Levés de topographie détaillée.

1° Plans parcellaires. — Ces plans reproduisent, avec les détails topographiques du terrain, les limites des propriétés.

Ils sont exécutés :

1° Par un géomètre triangulateur, qui lève trigonométriquement sur la commune et ses voisines une série de triangles de 700 à 800 mètres de côté (*fig.* 103) ;

2° Par un géomètre arpenteur, qui, avec un aide, une chaîne et une équerre d'arpenteur, procède par alignements.

En menant des transversales aux côtés des triangles, puis d'autres transversales à ces premières, il chaîne les abscisses de leurs points de rencontre avec les lignes à lever.

Il dessine à l'encre, sur le terrain, un croquis coté ;

3° Par un géomètre chef, qui vérifie le travail en le coupant par des transversales, de manière à vérifier les mesures effectuées par le précédent.

2° Plans topographiques. — Ces plans reproduisent le terrain avec le plus de précision possible.

Planimétrie. — Le canevas d'ensemble est levé par le procédé par intersection (ou triangulation graphique), puis on choisit un canevas de détail qu'on lève par cheminement à la boussole.

Fig. 103.

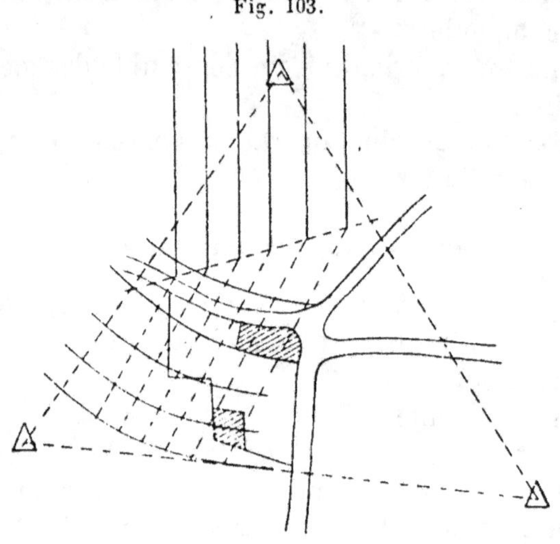

En terrain magnétique, on opérerait par intersection avec la grande planchette et, si le terrain n'est pas assez découvert pour cela, on opère par cheminement avec le tachéomètre en choisissant de longs côtés pour les polygones.

Levé des détails. — On lève les détails par abscisses et ordonnées appuyées sur les côtés du canevas ou sur des alignements arbitraires.

Nivellement. — On nivelle le canevas d'ensemble avec le niveau à lunette par cheminement.

On nivelle le canevas de détail par cheminement avec le niveau à lunette, la boussole nivelante ou le tachéomètre.

Le nivellement de détail se fait par rayonnement ; on file par points les sections horizontales (voir pages 90 à 92).

3° PLAN D'UN TERRAIN PEU ACCIDENTÉ, MAIS COUVERT DE CLÔTURES ET DE CONSTRUCTIONS. — *Planimétrie.* — Choisir un canevas d'ensemble dont les côtés ne dépasseront pas 800 mètres.

Fragmenter ce canevas entre les opérateurs (*fig.* 104); chacun devra fermer sa portion A B C D de canevas par une traverse A*a*b*D.

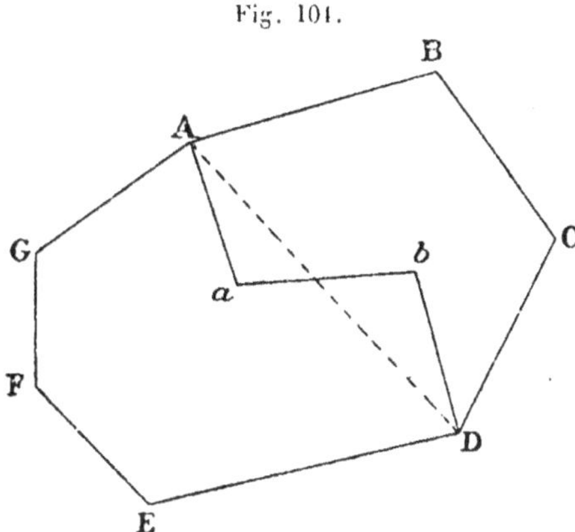

Fig. 104.

Piqueter les sommets du canevas de détail de manière à serrer les détails le plus près possible.

Lever le canevas d'ensemble à la chaîne et à la boussole en chaînant et visant dans le sens direct et le sens inverse chacun des côtés.

Lever les détails très complètement par abscisses et ordonnées.

Nivellement. — Niveler le canevas au niveau à lunette.

Pour le détail, on ne déterminera pas les sections horizontales dans les parties où le terrain est plat et presque horizontal ; on se contentera d'y faire disséminer les cotes d'un certain nombre de points en les déterminant par rayonnement.

Dans les parties accidentées, on représentera les horizontales dont les cotes varient de mètre en mètre ; on les filera par points.

4° LEVÉ D'UNE FORTIFICATION. — *Planimétrie*. — Choisir pour canevas d'ensemble des points pris en face des saillants de la fortification, sur la crête du glacis par exemple, sur les traverses, sur les parapets, sur le corps de place.

Le levé en est fait à la boussole et à la chaîne ou au quintuple mètre.

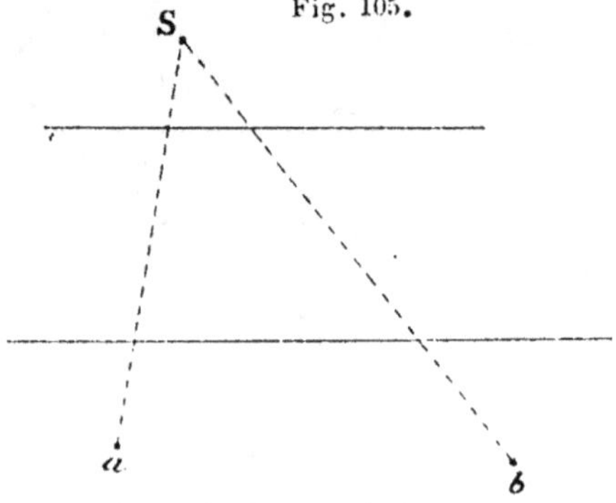

Le canevas de détail sera levé comme il est dit dans le levé précédent ; seulement on trace les côtés des cheminements près de la crête extérieure autant que possible et on exécute le franchissement des fossés en mesurant les distances à la stadia, si l'on en possède une ; sinon on vise de deux points *a, b* le point S à déterminer ; on l'obtient ainsi par intersection (*fig.* 105).

Nivellement. — Le nivellement du canévas d'ensemble est levé, par cheminement, avec le niveau à lunette.

Le canevas de détail du nivellement se composera d'une série de petits polygones ; on opérera par rayonnement pour déterminer les cotes des sommets.

Les sections horizontales seront filées par points sur les glacis, les fonds de fossés, les cours et les grands terre-pleins.

Les horizontales des autres parties du terrain seront levées par la *méthode du commandant Clerc*, qui est la suivante (*fig.* 106) :

Fig. 106.

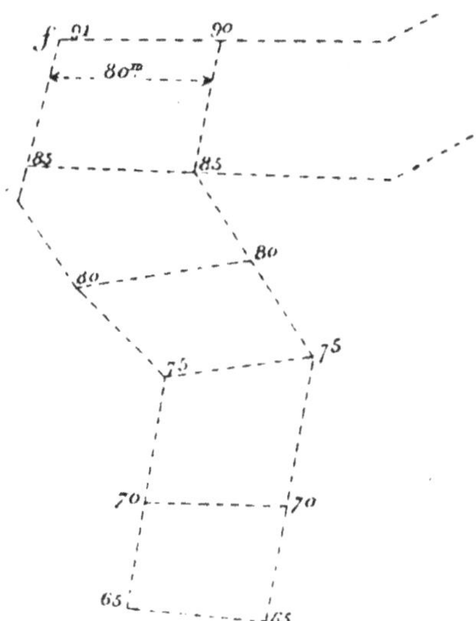

On détermine, suivant la pente du terrain, des profils *f* distants de 700 à 800 mètres ; un groupe détermine par cheminement et piquète des points à cote ronde de 5 en 5 mètres sur chaque profil.

On a ainsi un point des sections horizontales cotées 65, 70, 75, 80, 85, 90.

Puis, entre deux profils consécutifs sur chacune des horizontales 65, 70,...90, un groupe nivelle et piquète et un troisième lève à la boussole des points distants de 80 mètres environ et ayant les cotes 65, 70,... 90.

On détermine ainsi des quadrilatères.

Dans chacun de ceux-ci, un quatrième groupe file les horizontales de mètre en mètre.

5° LEVÉ D'UNE POSITION QUI DOIT ÊTRE OCCUPÉE PAR UN OUVRAGE DE FORTIFICATION OU UN ÉDIFICE. — Le levé de position en terrain plat ou accidenté peut se faire à l'aide des méthodes exposées pour le levé d'un terrain couvert de clôtures et de constructions, en utilisant l'éclimètre ou le tachéomètre ; on détermine les cotes des points saillants du terrain, s'il est plat et peu accidenté.

On file les horizontales par la méthode du commandant Clerc, s'il est plus accidenté.

ÉTAT DE LIEUX. — Une fois ce levé exécuté, il faut faire un état de lieux qui sera remis à l'entrepreneur pour faciliter l'exécution de ses croquis et régler son mémoire.

On trace, suivant les lignes principales du terrain, une série de directions formant un quadrillage dont on nivelle les sommets avec le niveau à lunette. On cote les sommets de ces quadrilatères et on interpole entre eux des points dont les cotes varient parfois de 10 centimètres en 10 centimètres, puis on file les horizontales qui les joignent.

On cote les centres de ces quadrilatères pour faciliter l'évaluation du cube de terre ; on y joint les profils des voies de communication.

Chaque profil est formé d'éléments de ligne brisée qui doivent s'appliquer sur le terrain.

EXÉCUTION DU PROJET. — On n'exécute pas le tracé de la construction d'après les croquis fournis par le constructeur, car, de la sorte, on amplifierait les erreurs qu'il aurait commises sur son dessin.

Au contraire, on fait le tracé directement sur le terrain, on en reporte ensuite le levé sur le plan.

Pour tracer une ligne droite sur le terrain, on se sert de jalons que l'on aligne, soit à l'œil (en terrain plat), soit avec une lunette qui décrit exactement un plan vertical (en terrain accidenté).

Pour construire un angle, on emploie le tachéomètre.

REMARQUE. — Il peut arriver que l'on ait à prolonger une droite MM′ au delà d'un obstacle.

Pour cela, on mène à cette droite deux perpendiculaires MN, M′N′, très courtes et très écartées.

En opérant ainsi, la droite NN′ est parallèle à MM′; on répète la même opération en $N_1 M'_1$, de l'autre côté

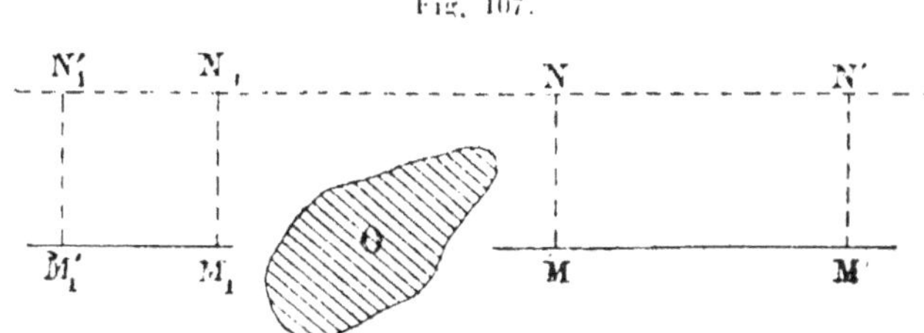

Fig. 107.

de l'obstacle, en portant $N_1 M_1 = N'_1 M'_1 = MN = M'N$ (*fig.* 107).

La droite $M_1 M'_1$ est le prolongement de MM′.

CHAPITRE II.

LEVÉS DE TOPOGRAPHIE GÉNÉRALE.

I. Levés réguliers $\left(\text{échelles de } \dfrac{1}{5.000} \text{ à } \dfrac{1}{10.000}\right)$

II. Levés expédiés $\left(\text{échelles de } \dfrac{1}{10.000} \text{ à } \dfrac{1}{20.000}\right)$

III. Levés chorographiques $\left(\text{échelles de } \dfrac{1}{40.000} \text{ à } \dfrac{1}{80.000} \text{ et } \dfrac{1}{500.000}\right)$

I.

Levés réguliers.

1° Levé des environs d'une ville forte dans un petit rayon. — *Canevas d'ensemble.* — Ce canevas est levé par triangulation graphique (intersection) ; les sommets seront distants de 1.000 mètres au plus ; chaque opérateur lève séparément (longueurs et angles) sa portion de canevas.

Le *nivellement* sera levé de même en employant le cheminement et en apportant la plus grande attention aux mesures afin d'éviter les erreurs sur le canevas d'ensemble.

Nous savons, en effet, que celles-ci se répercuteraient sur les mesures des détails.

Ces levés se font à $\dfrac{1}{5.000}$. Cette échelle, relativement assez grande, demande beaucoup de précision.

2° Levés très étendus. — Ces levés s'exécutent à

l'échelle de $\dfrac{1}{10.000}$; ils servent à représenter les environs d'une ville ou le circuit fortifié d'une place forte.

Canevas d'ensemble. — Le canevas d'ensemble est appuyé sur des points A, B, C, D de la triangulation géodésique du pays. Ces points, très éloignés les uns des autres, sont reliés entre eux par des cheminements principaux a, b, c, d…

On leur adjoint des cheminements secondaires α, β, γ, δ appuyés sur les premiers (*fig.* 108).

Fig. 108.

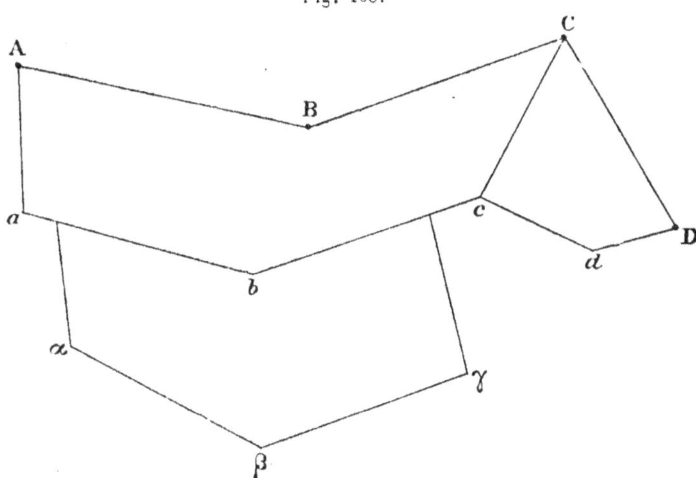

Les côtés de ces cheminements sont mesurés au tachéomètre *orienté avec le déclinatoire.*

Le nivellement est fait par les pentes avec l'écli-mètre et rattaché au nivellement général de la France.

Les levés de chaque opérateur sont réunis en un seul, obtenu en accolant les dessins sur une même feuille Il faut donc que les mesures de chacun soient comparables à celles des autres et exemptes d'erreurs tant en planimétrie qu'en nivellement.

Canevas et levé des détails dans l'un et l'autre cas. — On emploie pour ces opérations dans de pareils levés la petite planchette avec son déclinatoire, la règle à éclimètre (ou l'alidade nivelatrice, à défaut de cette règle).

On lève les détails par cheminements accolés dont les divers polygones suivent les chemins et les lignes caractéristiques du terrain (pentes, lignes de faîte, thalwegs de vallées...).

Dans ces cheminements, on saute une station sur deux lorsqu'on exécute les opérations du nivellement.

Les sections horizontales, cotées de 10 en 10 mètres ou de 20 en 20 mètres, par exemple, sont filées par points ; on trace ensuite les horizontales de 5 en 5 mètres par interpolation (1).

REMARQUE. — On peut employer encore la méthode Clerc, mais en l'appliquant d'une manière plus large que dans les levés de fortification ou de position.

II.

Levés expédiés.

Ces levés sont exécutés rapidement ; on y sacrifie un peu les précautions nécessitées par une grande précision.

---

(1) On dit qu'on opère par interpolation lorsque, connaissant la nature et les valeurs affectées à la représentation d'une même grandeur, on essaie d'en déduire les valeurs que prend cette grandeur dans un intervalle voisin, en supposant qu'elle y suive la même loi.

Canevas d'ensemble. — On choisit des points de la triangulation géodésique de la France distants de 3.000 mètres environ lorsque l'échelle est de $\dfrac{1}{20.000}$ et de 1.500 mètres environ quand l'échelle est de $\dfrac{1}{10.000}$.

On appuie sur ces points A, B, C, D (*fig.* 109) des points a, b, c, d qui constituent, avec A, B, C, D, le canevas général ; a, b, c, d sont déterminés par triangulation graphique (intersection).

Fig. 109.

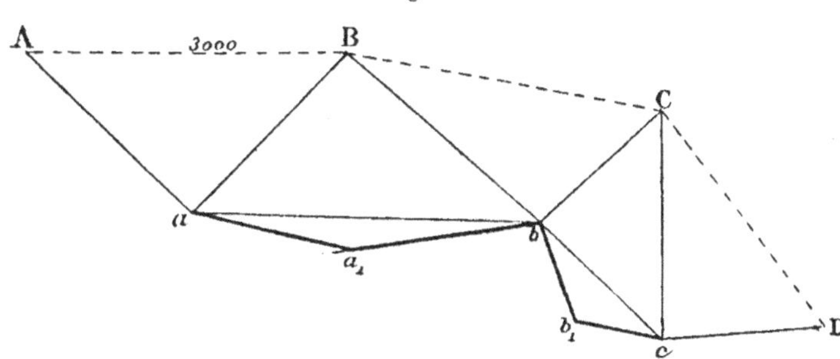

On emploie la grande planchette pour la planimétrie et l'éclimètre pour le nivellement.

Ce canevas étant déterminé, chaque opérateur en prend un ou plusieurs devant servir de base et d'origine aux opérations du levé.

Canevas général. — Ce canevas d'ensemble donne les points $a, b, c, d \ldots$, qui doivent être distants de 1.200 mètres environ à l'échelle de $\dfrac{1}{20.000}$.

Il faut s'arranger de manière à avoir sur le dessin

un point de canevas tous les 6 ou 10 centimètres ; on choisit à cet effet des points remarquables du terrain a_1, b_1, c_1... de manière à former un canevas $aa_1\, bb_1\, cc_1$... dont les sommets sont distants de 6 à 10 centimètres environ.

Le canevas général est déterminé à l'aide de la petite planchette déclinée et de l'alidade nivelatrice.

Levé des détails. — Le levé des détails s'exécute en même temps que celui du canevas général et avec les mêmes instruments. On *relève* tous les signaux et points dont on a besoin pour les détails (*croisements de route, tournants, maisonnettes, arbres,* etc.), on amorce en même temps les détails (*chemins, clôtures, ruisseaux, étangs, lignes d'arbres, plantations, bâtiments...*). On repère les points principaux des lignes caractéristiques du terrain ; ce sont : *les thalwegs des vallons et des vallées, les lignes de changement de pente, les lignes de faîte.* On reporte ces points sur le papier en les déterminant par relèvement ou par intersection.

On a ainsi la direction de toutes les lignes caractéristiques des formes du terrain, dont il est dès lors facile d'exécuter le dessin.

En effet, les points principaux du terrain sont figurés sur le dessin ; d'autre part, l'alidade nivelatrice (page 56) donne les pentes des droites qui relient ces points.

En mesurant leur distance à l'échelle sur le papier, on en déduit leur distance réelle avec l'approximation du levé, et, connaissant la pente, on en déduit la différence de leurs altitudes (on déduit celles-ci des altitudes connues des points de la triangulation géodésique du pays).

Dès lors, on connaît : les cotes des points figurés sur le dessin, les directions des lignes caractéristiques des formes du terrain et leurs pentes ; on peut donc figurer le terrain (page 188). A cet effet, on se porte avec sa planchette devant la portion que l'on veut dessiner et on la représente avec autant d'exactitude que possible.

Cette opération est autant œuvre d'art que de sentiment.

REMARQUE. — On voit que le cheminement est exclu de ces levés.

III.

Levés chorographiques.

Ces levés s'exécutent aux petites échelles de $\dfrac{1}{40.000}$ à $\dfrac{1}{80.000}$ et $\dfrac{1}{500.000}$.

Leur marche est expéditive. La petitesse de l'échelle permet de négliger davantage les mesures de précision.

On remplace la planchette déclinée par la boussole fixée sur un carton à dessin dit *carton-pierre*.

CARTE DE L'ÉTAT-MAJOR à $\dfrac{1}{40.000}$ gravée à $\dfrac{1}{80.000}$. — On commença, pour exécuter cette carte, par dresser :

1° Une triangulation géodésique A B C D... à l'aide de laquelle on avait déterminé des points ou stations a, b, c, d du deuxième ordre, puis des stations $\alpha, \beta, \gamma, \delta$ du troisième ordre.

L'officier avait, pour lever sa minute à $\dfrac{1}{40.000}$:

1º Une feuille de papier de 80/50^{cm} collée sur toile, portant un quadrillage représentant les méridiens et parallèles distants de 10 minutes centésimales ;

2º Une liste des points géodésiques avec leurs coordonnées géographiques ;

3º Des mappes qui n'étaient autre chose que la reproduction du cadastre à $\dfrac{1}{40.000}$;

4º Une boussole à éclimètre.

Il fallait :

1º Vérifier les mappes ;

2º Placer sur la feuille les points géodésiques ;

3º Coller et assembler les mappes sur un calque de la feuille ;

4º Puis les décalquer sur des cartons de 20/30^{cm} ;

5º Compléter la planimétrie sur le terrain à l'aide de ce carton, prendre les cotes d'un point par kilomètre carré avec l'éclimètre, dessiner les thalwegs, lignes de faîte, etc., amorcer des horizontales à cotes quelconques ;

6º Dans le cabinet, tracer les horizontales de 10 mètres en 10 mètres ;

7º Faire un calque des écritures et des teintes conventionnelles.

RÉVISION DE LA CARTE DE FRANCE. — On revise chaque année un certain nombre de feuilles au $\dfrac{1}{80.000}$ de la carte de France.

Les officiers chargés de ce travail rectifient surtout la planimétrie (chemins, routes...) ; ils corrigent seulement les cotes qui leur paraissent entachées de grosses erreurs.

CHAPITRE III.

LEVÉS DE RECONNAISSANCE.

Généralités.

Les levés de reconnaissance ont un but essentiellement militaire au point de vue de l'étude du terrain et de ses ressources.

Ils sont exécutés par des officiers, en temps de paix, à l'étranger ; en temps de guerre, sur les derrières de l'ennemi.

Buts principaux de ces levés :

1° Renseigner sur la facilité des marches, sur l'état des chemins, des travaux qu'ils nécessitent ; sur les obstacles, sur la configuration du terrain relativement aux marches des colonnes ;

2° Indiquer la valeur d'une position au point de vue offensif ou défensif ; au point de vue de l'attaque, ils doivent donner l'effectif approximatif des troupes de l'ennemi et ses moyens d'action ;

3° Renseigner sur les ressources productives et alimentaires d'un pays relativement aux subsistances des colonnes ; renseigner sur les voies ferrées, chemins, canaux, rivières, cultures ; sur les pentes, sur les lieux habités ;

4° Signaler les objets remarquables du terrain.

Résumé d'un levé de reconnaissance. — L'officier qui a exécuté un levé de reconnaissance doit fournir :

1° Une carte sommaire indiquant l'état actuel du terrain ;

2° Un mémoire complétant la carte.

EXÉCUTION DE LA CARTE. — Il n'est pas nécessaire que la carte soit précise ; elle doit être faite rapidement, être fidèle et claire.

Le trait au crayon doit être net.

L'échelle sera de $\dfrac{1}{50.000}$ environ.

Les troupes y seront figurées à l'échelle à l'aide de signes particuliers.

Le terrain est dessiné avec le plus d'expression et de vérité possible.

On y marque les plis qui peuvent avoir une importance tactique.

Il est préférable de représenter le terrain par des horizontales, puis de le figurer ensuite par des hachures (page 188).

Plans détaillés. — On adjoint à la carte des plans détaillés des localités.

Marche du levé de la carte. — On choisit une série de points formant canevas en les déterminant, soit directement, soit d'après les cartes, ensuite on intercale les détails après les avoir examinés avec soin.

Mémoire de reconnaissance. — Ce mémoire se compose :

1° Du mémoire descriptif ;

2° Du mémoire militaire.

Le premier donne des renseignements sur :

La population des communes, les ressources en logement, les routes, les boulangeries, les usines, les professions des habitants, les richesses communales.

Il donne une description physique du terrain, routes, rivières, canaux, nature du sol, etc.

Le second mémoire parle de la statistique générale et des ressources que l'on peut tirer au point de vue militaire des propriétés énoncées par le premier.

INSTRUMENTS DES RECONNAISSANCES.

Planimétrie.

Mesure des distances parcourues. — Les procédés employés pour cette mesure sont les suivants :

La *chaîne*, le *fil* ou *cordeau* de 10 mètres.

Le *double-pas*, étalonné d'avance en marchant sur des routes bornées (il faut arriver à compter son double-pas sans y penser, machinalement). Pour porter les distances parcourues à l'échelle sur le dessin, on construit une échelle en doubles-pas correspondant aux hectomètres.

Le *pas du cheval*, étalonné de même.

Les *podomètres.* — Ce sont des compteurs qui, à chaque secousse de pas, font avancer leur aiguille d'une division.

Ils ont l'inconvénient de marquer un pas à toute secousse produite ou non par la marche.

Le *trochéamètre.* — C'est un appareil que l'on attache à un rais de voiture et qui, à l'aide d'un engrenage, fait avancer l'aiguille d'une division lorsque la roue fait un tour.

Un corps pesant, fixé dans l'appareil, fait fonctionner l'engrenage.

La *vitesse de la marche*. — On sait qu'une colonne fait 5 kilomètres à l'heure ; elle a marché 3 heures, elle a donc parcouru 15 kilomètres. On peut donc opérer de même avec tout autre élément dont on connaît la vitesse.

Distances non parcourues :

Télémètres. — Ces instruments, qui ne sont à citer que pour mémoire, sont d'un usage peu facile en reconnaissance.

Bras tendu (fig. 110). — Si H est la dimension d'un objet que l'on vise, h la hauteur qu'il faut tendre ver-

Fig. 110.

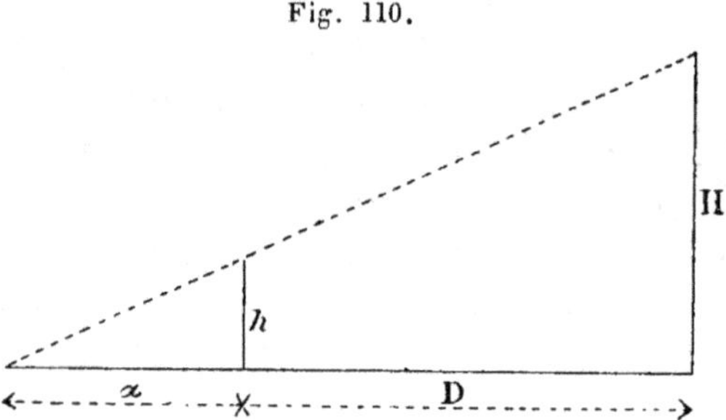

ticalement à bout de bras pour le couvrir entièrement, si D est la distance inconnue et d celle du bras, on a

$$D = d\,\frac{H}{h}.$$

Lunette (fig. 111). — On peut remplacer le bras tendu par une lunette qui porte dans son plan focal principal une graduation sur laquelle on lit h ; on a encore

$$D = d\,\frac{H}{h}$$

C'est le cas des lunettes de batterie et des lunettes de côte.

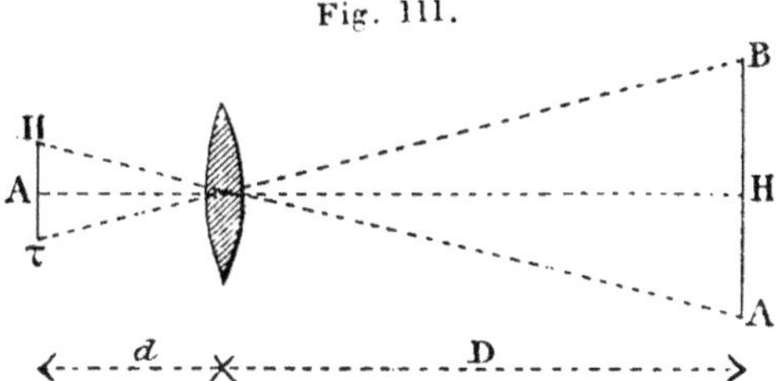

Fig. 111.

Remarque. — Dans ces deux opérations, on suppose connue la hauteur H de l'objet.

Par exemple, si l'on vise un peuplier, on sait que sa hauteur est d'environ 25 mètres.

Remarque. — Si H n'est pas connue, on fait deux visées sur le même alignement, distantes l'une de

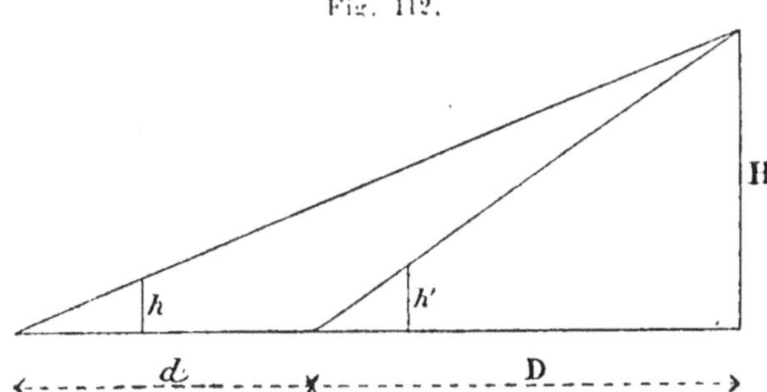

Fig. 112.

l'autre d'une longueur l connue, ce qui donne les mesures correspondantes h et h' (*fig.* 112).

On a

$$D = d\,\frac{H}{h}, \quad D - l = d\,\frac{H}{h'},$$

ou, en divisant membre à membre,

$$\frac{D}{D-l} = \frac{h'}{h}.$$

On mesure l, on en tire D, qui est la distance cherchée.

REMARQUE. — Pour que cette opération ait quelque
valeur, il faut être sûr que la longueur du bras tendu,
comptée de l'œil à l'extrémité du pouce, donne presque
toujours d.

A cet effet, on étalonne le bras tendu de la façon
suivante : on vise un objet de hauteur connue au bras
tendu en mettant la ligne des épaules et le bras tendu
dans la direction de l'objet dont la distance est connue.
On mesure à chaque fois, sur une règle graduée ou un
double décimètre, la hauteur h sous-tendue par l'objet
visé.

On répète l'expérience jusqu'à ce qu'on arrive à de
grandes approximations, en prenant la moyenne d'un
même nombre de visées.

Il faut que le bras soit bien horizontal. A cet effet,
on opère pendant quelque temps perpendiculairement
à une glace ; le bras doit se projeter derrière le poing.

Comme hauteurs H d'objets susceptibles d'être re-
pérés dans une reconnaissance, citons :

Le fantassin équipé....... $H = 1^m,75.$
Le cavalier équipé....... $H = 2^m,45.$
Une fenêtre............ $H = 1^m,90, 2,50, 3$ mèt.,
                                    selon l'importance.

Un moulin à vent....... $H = 17$ mètres.
Un peuplier en croissance. $H = 25$ mètres.

Appareils stadimétriques.

Stadia des chasseurs à pied (fig. 113). — C'est une plaque percée d'un trou triangulaire dans lequel on

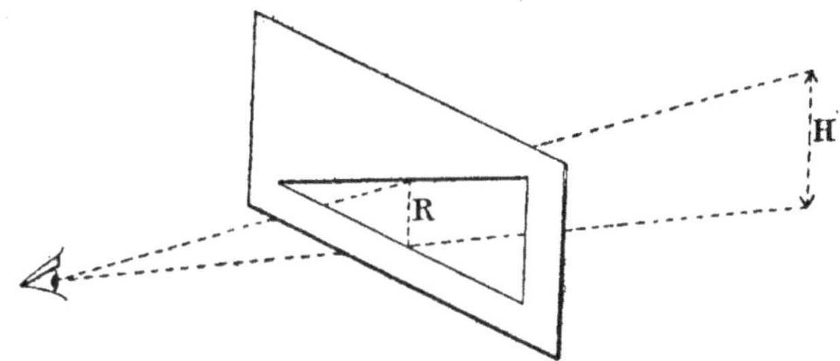

Fig. 113.

encadre un fantassin, un cavalier, etc., en tenant la plaque à bras tendu. On lit la distance sur une graduation en hectomètres.

Nautomètre Morel (fig. 114). — On ouvre une petite fenêtre d'autant de millimètres que l'objet visé a de

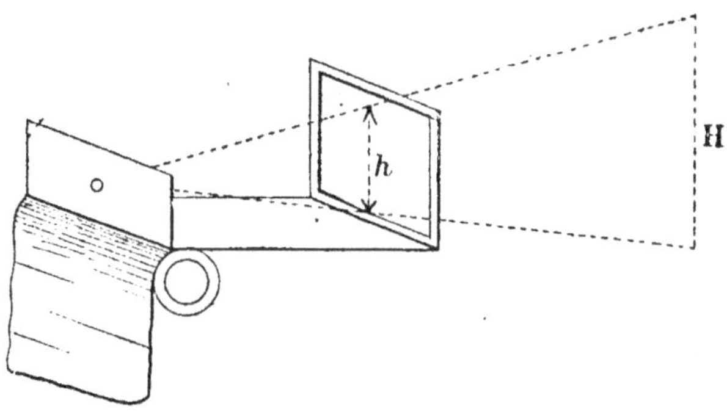

Fig. 114.

mètres de hauteur, puis on déplace un œilleton O le long d'un ruban de manière à voir l'objet raser les bords supérieur et inférieur de la fenêtre ; le ruban est gradué et le point où s'arrête l'œilleton donne la distance de l'objet visé.

Lunette à double image. — La figure 115 montre comment fonctionne cet appareil.

Fig. 115.

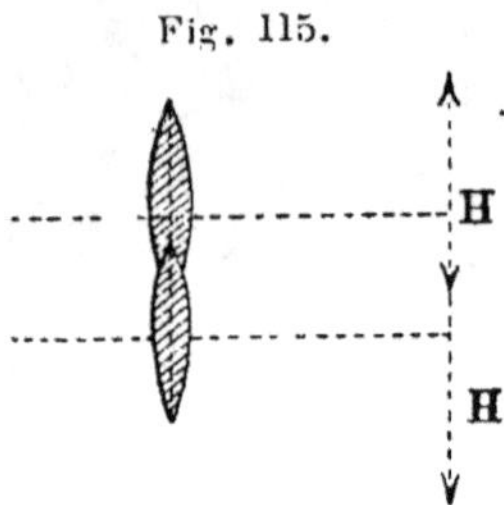

PROCÉDÉS DIVERS :

Vitesse du son. — On sait que le son parcourt 340 mètres à la seconde. On fixe des yeux, par exemple, le coup de feu d'un canon, et on compte le nombre de secondes employées par le son pour arriver à soi.

Appareil Le Boulangé. — C'est un tube qui contient un curseur qui descend dans l'eau d'une vitesse uniforme.

Si l'on met le tube vertical, le curseur descend ; si on le met horizontal, il reste en place. On mettra donc le tube vertical quand on verra le coup de canon partir ; on le mettra horizontal lorsqu'on entendra le son.

La longueur dont sera descendu le curseur donne le temps mis par les vibrations sonores pour arriver à l'observateur.

Mesure du temps :

1° Avec un compteur à secondes Rédier ;

2º Avec un pendule à secondes ;

3º Avec un chronomètre ;

4º Avec le pouls ;

5º En comptant à haute voix, et aussi vite que possible, les sept premiers chiffres.

Mesure des angles.

Sextant à un seul miroir (*fig.* 116). — On a un limbe MM' sur lequel glisse une alidade tournant autour de son centre S. O est un viseur derrière lequel on place l'œil. On a :

$$\widehat{CSD} = 2\,\widehat{CSM} = 2\,\widehat{OSM'}.$$

On lit l'angle OSM' sur le limbe.

Le zéro de la graduation est en M'.

Fig. 116.

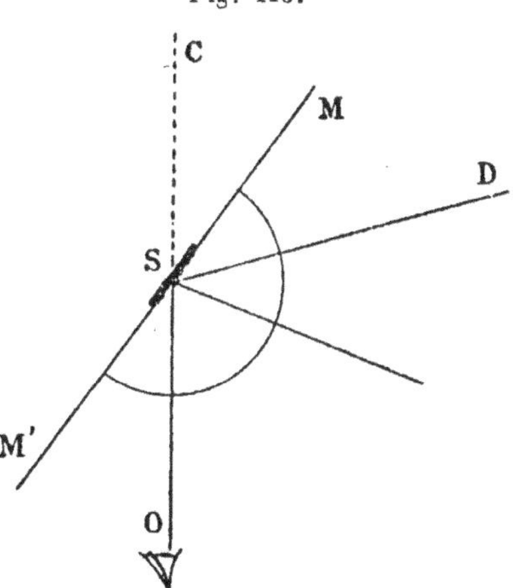

Équerre d'arpenteur; Équerre à miroir. — Ces appareils donnent les angles de 45º et 90º.

Bras tendu. — Remplacer la corde de l'arc sous-tendu par l'angle cherché par une fraction h de double décimètre tenu à bras tendu. On a

$$h = d\,\mathrm{tg}\,\alpha \qquad \text{ou} \qquad h = d\alpha.$$

On en tire l'angle α.

Boussole Goulier (*fig.* 117). — C'est une boîte dont le couvercle se tient levé à l'aide d'une barrette; il est percé d'un œilleton O et porte un prisme à réflexion totale P.

Sur le fond de la boîte est une boussole B sur le limbe de laquelle est tracée une ligne de foi.

Fig. 117.

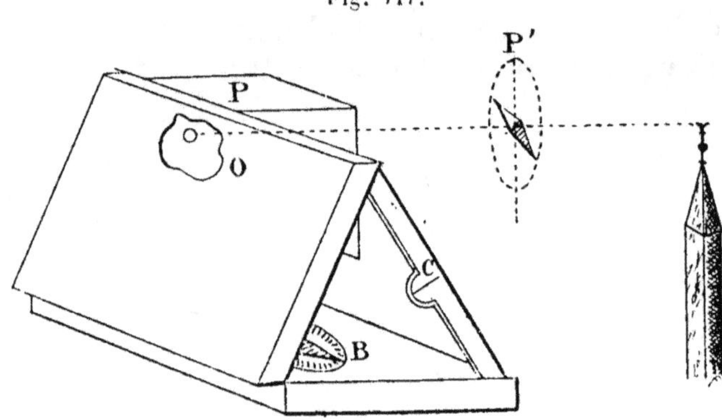

On vise l'objet directement par l'œilleton O; le prisme donne dans la même direction une image de la boussole et on tourne l'appareil jusqu'à ce que l'objet visé paraisse sur la ligne de foi.

On lit la position de l'aiguille au même moment; elle donne l'orientement cherché.

Boussole Hossard (*fig.* 118). — La boîte porte un

index vertical L ; dans son couvercle est un miroir sur lequel est tracée une ligne de foi F.

Fig. 118.

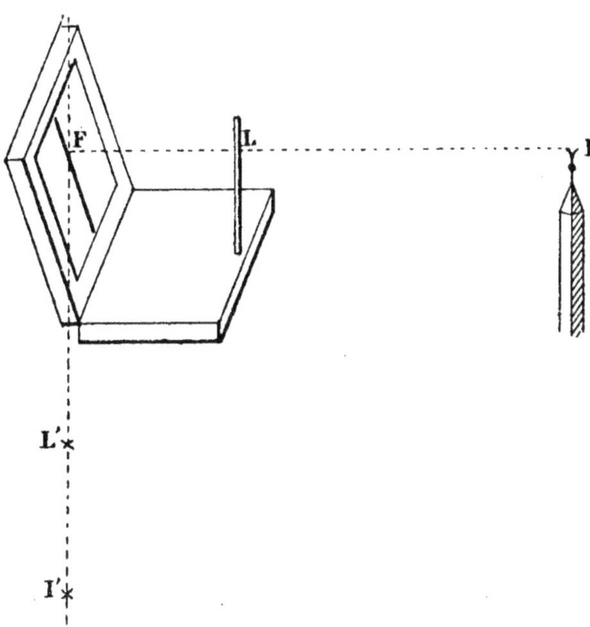

On tient le couvercle ouvert de son côté ; en regardant verticalement dans le miroir, il faut que l'on voie sur la ligne de foi les images confondues de l'index L et de l'objet.

Boussole Leblanc (fig. 119). — Une boîte circulaire contient l'aiguille aimantée.

Sur le côté de la boîte se trouve un miroir M parallèle à l'aiguille et un miroir M′ articulé, pouvant tourner autour d'une charnière O.

On fait les visées en mettant devant l'œil une fente

verticale pratiquée dans une carte, on vise directement
un objet A et l'on fait tourner M' jusqu'à ce qu'on voie

Fig. 119.

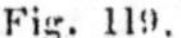

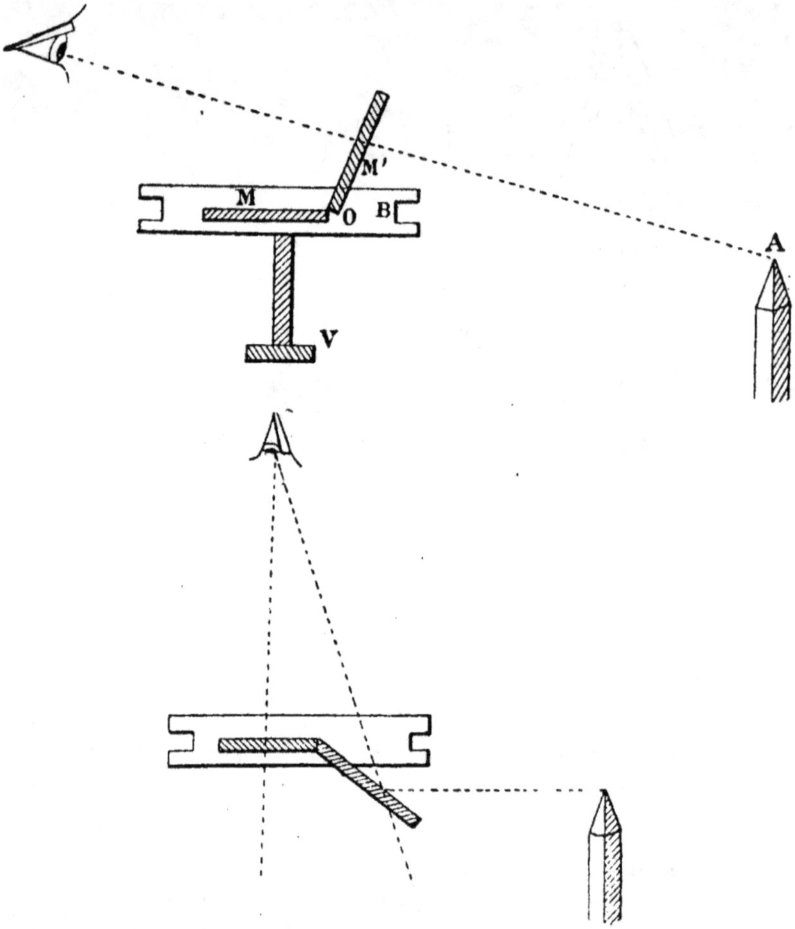

l'image de la fente et de l'œil dans la direction de
l'objet visé directement.

Boussole Burnier (*fig.* 120). — Les visées se font sur l'objet par une fente A et un fil B portés chacun par une pinnule.

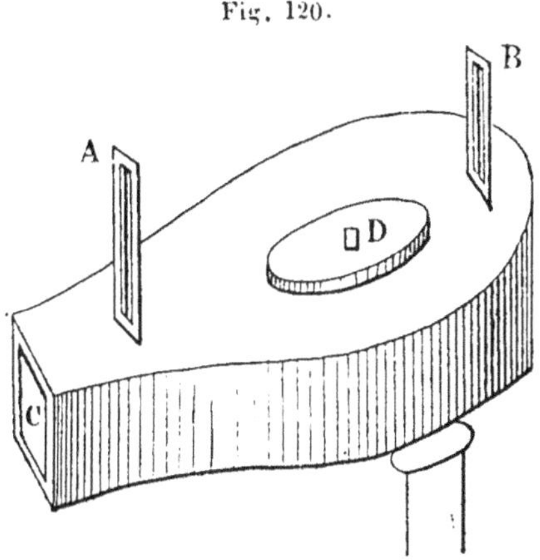

Fig. 120.

Un petit barreau aimanté fait corps avec un disque D dont la tranche est divisée en grades. On vise l'objet suivant AB ; la lecture se fait sur D par la fenêtre C.

Instruments goniographiques et leur emploi.

Le canevas d'ensemble ainsi que les détails peuvent être levés de la manière suivante :

1° Avec une *planchette* que l'on peut improviser sur des bouts de planche accolés et que l'on peut visser sur un pied formé de trois bâtons reliés entre eux un peu au-dessus de leur milieu ;

2° On peut employer la règle à éclimètre ou l'alidade nivelatrice, ou bien improviser une alidade à lunette en vissant une lunette ou une longue-vue sur une règle ;

3° **Pour orienter la planchette, on se sert d'une boussole-breloque vissée dans le bois** (*fig.* 121).

Fig. 121.

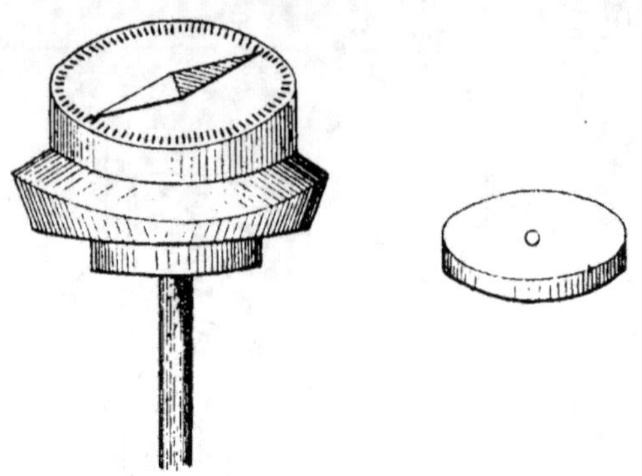

On peut, à défaut de cette boussole, s'orienter par des visées faites sur un point P très éloigné (*fig.* 122) ;

Fig. 122.

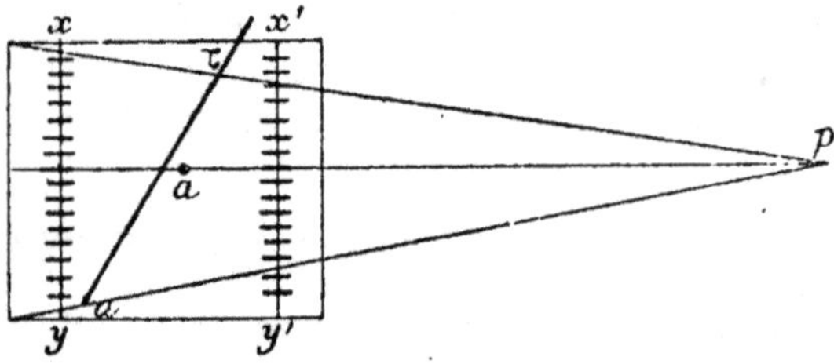

on obtient ce point *p* sur la planchette par intersection.

Si le point *p* ne tombe pas sur la planchette, on prend une base AB (*ab* sur le dessin) d'où l'on vise P, ce qui donne les visées *xx'*, *yy'*.

On divise *xy*, *x'y'* en un même nombre de parties égales.

Toute droite qui joint deux points de division analogues de ces droites passe par p.

Pour s'orienter en un point M (m sur le dessin), on mène par le point m une ligne ainsi définie ; elle passera par P dans l'espace.

Nivellement.

On peut employer les niveaux et les éclimètres.

Pour aller plus vite, on place toujours la mire à 10 mètres devant soi (*fig.* 123), on dirige un rayon horizontal sur la ligne de foi du voyant, on lit sur la

Fig. 123.

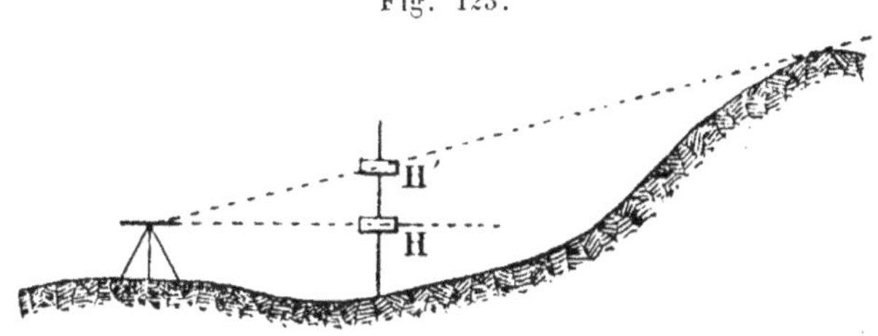

mire la division H, puis on fait monter le voyant jusqu'à ce que le rayon de visée soit tangent au sommet de la hauteur dont on cherche l'altitude. On fait alors la lecture H' sur la mire, puis on lit sur la carte la distance D du point que l'on occupe au point visé.

Si l'on appelle D la distance de ces deux points, on a

$$\text{pente} = \frac{H' - H}{10 \text{ mètres}},$$

$$\text{hauteur} = D\,\frac{H' - H}{10 \text{ mètres}}.$$

On peut improviser une mire avec un bâton et deux cartes cousues qui glissent sur ce bâton à frottement dur (*fig.* 124).

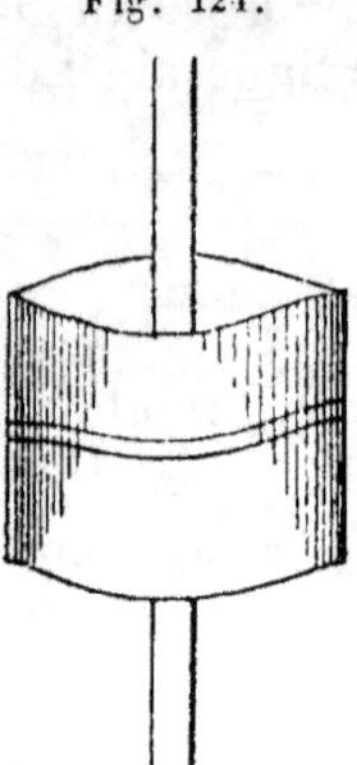

Fig. 124.

PROCÉDÉS RAPIDES. — *Ressauts horizontaux.* — Connaissant la hauteur de son œil h au-dessus du sol, on vise horizontalement devant soi en mettant le bras horizontal et en dirigeant un rayon visuel par l'extrémité du pouce. On repère sur la pente le point qui se trouve dans le prolongement du bras, puis on s'y transporte.

Fig. 125.

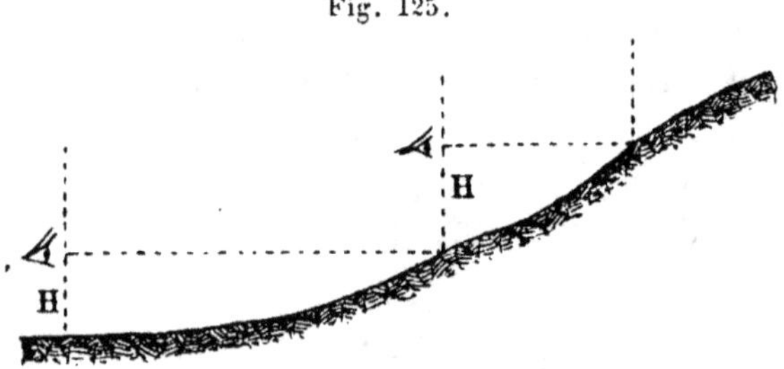

Autant de fois on aura dû se mettre en station pour gravir la pente, autant de fois sa hauteur sera égale à h.

Bras tendu. — On intercepte la hauteur H à mesurer par une règle h tendue à bout de bras ; si le bras est horizontal et si l'on connaît la longueur l du bras tendu, on a

$$H = h \frac{D}{l}.$$

On mesure D sur la carte (*fig.* 126).

Fig. 126.

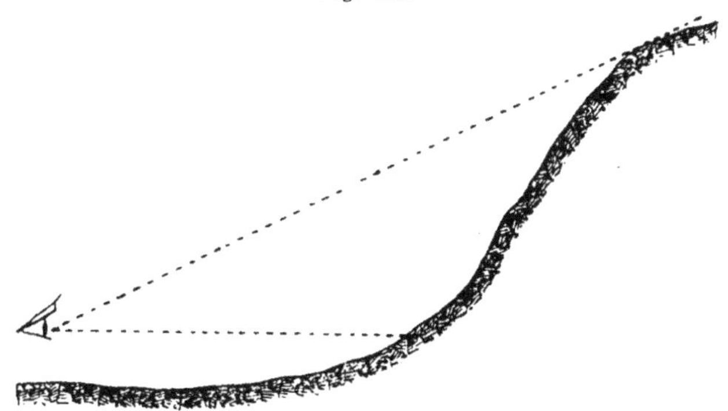

Niveau à collimateur de reconnaissance (fig. 127). — C'est le pendule et le collimateur du même niveau réduits à leur plus simple expression, suspendus au doigt par un anneau.

Niveau Burel improvisé (fig. 128). — On attache un miroir sur une lame de plomb verticale, on tient le tout avec un anneau passé dans le doigt.

Niveau improvisé (fig. 129). — Enfin, à défaut de ces instruments, on peut prendre un losange de ficelle, placer suivant une de ses diagonales une réglette en bois, passer à l'un des sommets un anneau de suspension et suspendre à l'autre un poids de plomb ; on fait les visées le long des arêtes de la règle.

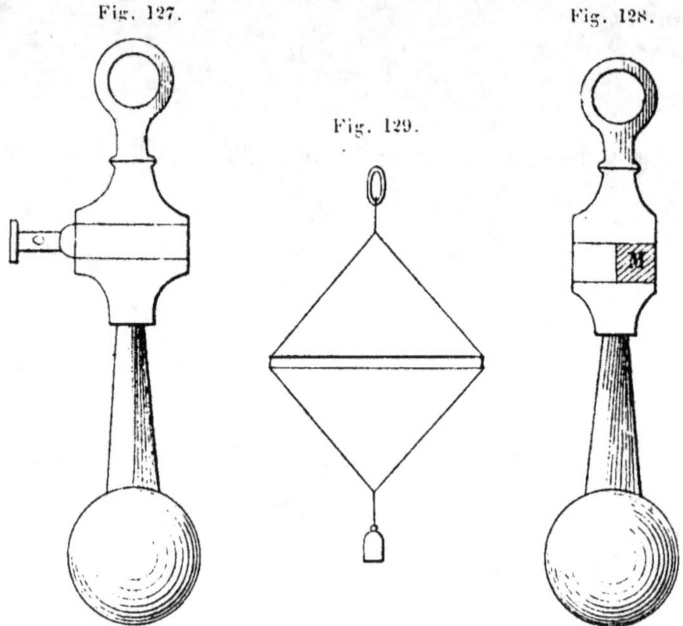

Il faut que ce niveau soit étalonné et rectifié comme les autres.

Clisimètres.

Clisimètre Goulier. — Les clisimètres sont de petits appareils portant un petit pendule que l'on peut fixer dans une position quelconque devant une graduation à l'aide d'un ressort de pression.

Le clisimètre Goulier, par exemple (*fig.* 130), est une boîte parallélépipédique, sur le fond de laquelle on remarque un disque divisé en deux parties égales par une verticale AB.

Un pivot p, muni d'un ressort, porte un pendule P dont la masse est plate et porte un trait de repère t.

Fig. 130.

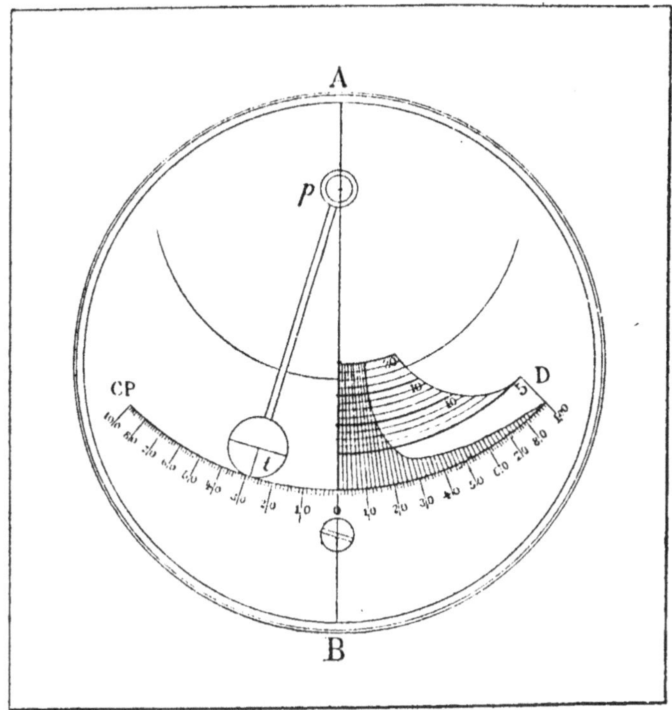

Ce pendule est rendu libre à volonté, il se déplace devant une graduation de pentes en centièmes.

Pour mesurer une pente, on vise suivant l'arête supérieure MN de la boîte, en appuyant l'index sur le ressort du pivot.

Le pendule devenu libre s'arrête devant une certaine division de l'échelle CD (des pentes en centièmes);

lorsque l'arête MN est bien dirigée suivant la pente que l'on vise, on cesse d'appuyer avec l'index.

Le pendule devient fixe par l'intermédiaire du ressort. On fait ensuite la lecture.

On remarque, sur la partie droite du cadre, un *abaque* donnant pour trois équidistances graphiques l'écartement graphique des horizontales relatif à la pente mesurée.

REMARQUE. — Une lecture est toujours répétée plusieurs fois pour mesure de vérification. On prend la moyenne des observations.

Fig. 131.

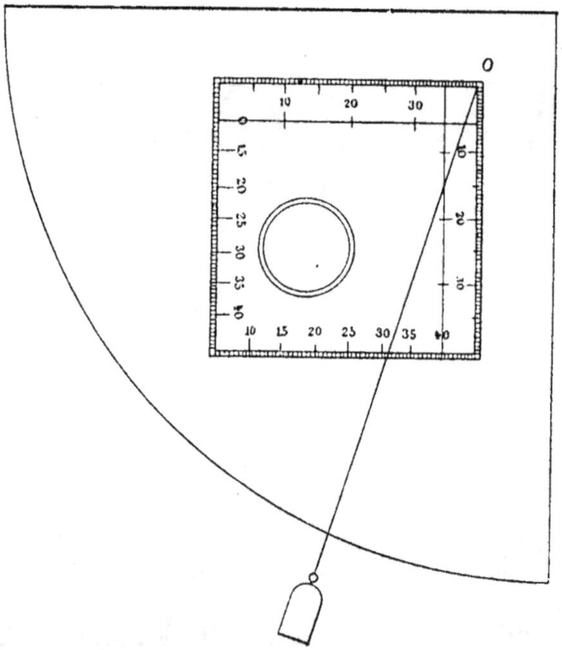

Clisimètre improvisé (fig. 131). — On peut avec une

équerre, au sommet de laquelle on suspend un fil à plomb, improviser un clisimètre, en construisant parallèlement aux côtés de l'angle droit des graduations en pentes.

Clisimètre de la boussole Burnier.—Indépendamment du disque D (*fig.* 120), la boussole Burnier comporte un disque indépendant muni d'un petit plomb qui transforme ce disque en pendule. La tranche de ce disque est graduée en centièmes de pente.

On fait la visée en tenant le plan AB horizontal, puis on lit la pente en face d'un index sur le disque mobile.

Disons enfin que les *baromètres de poche* permettent, avec une graduation spéciale, de mesurer les hauteurs auxquelles on s'élève, lorsque celles-ci dépassent 20 ou 30 mètres.

Illusions de la vue dans le dessin du terrain.

Dans les appréciations sur les distances, sur les pentes, sur les formes du terrain, l'œil commet des erreurs fréquentes et nuisibles.

Pour les distances. — On juge trop courtes les distances prises à vue sur un terrain nu, sans repères, qui vient d'être mouillé, ou lorsqu'on a le soleil à dos, ou encore lorsqu'on domine le terrain.

On juge trop longues les distances en terrain mal éclairé, par un temps brumeux, par le vent et la poussière, avec le soleil devant soi, ou bien quand le sol est coupé, raviné, couvert d'obstacles.

Pour les directions. — Dans le tracé à vue, le terrain est non pas vu en projection, mais en perspective; les angles des directions sont donc déformés.

Ainsi, les bords d'une route paraissent convergents, les sinuosités des chemins paraissent plus fortes ; on rectifie cette erreur en appréciant leur écartement par rapport à leur direction générale.

Pour les altitudes. — Les pentes paraissent plus fortes lorsqu'on est dominé par le terrain ; le contraire a lieu lorsqu'on est placé sur un point culminant.

Il faut donc se garder contre toutes ces causes d'erreur, en rectifiant les estimations à vue à l'aide des petits appareils décrits.

Méthodes employées pour les levés de reconnaissance.

CAS OÙ IL S'AGIT D'UNE RÉGION ÉTENDUE QUE L'ON PEUT PARCOURIR.

La méthode comporte comme pour les autres levés :

1° *Un canevas d'ensemble*, levé par le procédé par intersection avec les instruments que l'on possède (petite planchette, alidade nivelatrice, boussole) ou bien avec des instruments improvisés (planchette improvisée, boussole-breloque ou orientation sur des points éloignés) pour la planimétrie.

Le nivellement se fait avec le clisimètre ou bien avec la boussole Burnier.

A défaut de ces instruments on opère avec des appareils improvisés (niveau Burel, niveau à collimateur, méthode des ressauts successifs, méthode du bras tendu, clisimètre improvisé, niveau improvisé).

2° *Un canevas général* qui complète le canevas d'ensemble et doit être levé en même temps que lui ; *ces deux canevas s'exécutent progressivement et simultanément avec le canevas de détail.*

Le canevas général est levé par intersection.

REMARQUE. — La planimétrie de ces deux levés s'obtient facilement par intersection; le nivellement par les pentes est d'une exécution préférable, nous la prescrivons.

3° *Un canevas de détail et un levé des détails* exécutés et levés par les procédés goniographiques. On prend autant que possible la carte du levé, on en extrait tous les renseignements qu'elle fournit en ayant soin de les vérifier.

PLANIMÉTRIE. — On commence par placer sur le dessin les points importants (sommets, clochers, maisons isolées, etc.), puis on trace les chemins, les rivières, les canaux, etc.

On décompose le terrain à lever en enceintes limitées par le tracé de ces accidents du sol, et on exécute complètement le levé pour chaque enceinte avant de passer à la suivante.

Pour cela, on parcourt les routes et les lignes remarquables du terrain d'une enceinte, et on met en place, à mesure qu'on les rencontre, les points qui caractérisent leur direction. Les positions de ces points sur le dessin sont vérifiées par rapport à des alignements ou par rapport au canevas d'ensemble.

Puis, une fois les lignes remarquables tracées, on dessine à vue le modelé du terrain, suivant des bandes de 200 à 300 mètres de large de part et d'autre du cheminement; et l'on y rattache par intersection ou par des alignements les points remarquables des détails.

Nivellement. — Le nivellement suit la même marche que dans les levés expédiés.

Lorsqu'on est en des points élevés d'où l'on puisse apercevoir le tracé des vallées, les cols, les sommets, on décompose le terrain en enceintes limitées par les lignes caractéristiques des formes. On parcourt ces enceintes en les modelant à partir des bords, puis en comblant l'intérieur.

Il faut toujours indiquer la direction des vallées, des lignes de faîte, des lignes de changement de pente.

Remarque. — Pour aller vite, il faut exécuter simultanément la planimétrie, le nivellement et le figuré du terrain.

Levés d'itinéraire.

CAS D'UN LEVÉ DE RECONNAISSANCE PEU ÉTENDU.

But de ces levés. — Les levés d'itinéraire font connaître une route avec ses accidents et le figuré du terrain avoisinant cette route, sur une bande de 500 à 1.000 mètres de large de part et d'autre.

Ces levés sont exécutés par cheminement et à l'échelle de $\dfrac{1}{20.000}$ en général.

Planimétrie. — On dessine sur une petite planchette tenue à la main, sur laquelle on visse une boussole-breloque dont on met la ligne NS parallèle à la direction de l'un des côtés de la feuille.

On peut se servir encore d'un cartable Prudent (*fig.* 132).

C'est un carton qui se déploie suivant AB comme un

livre ; un élastique CD retient la feuille que l'on échancre et que l'on glisse dessous comme le montre la figure. La boussole B est vissée par-dessus la feuille ; à cet effet, le cartable porte un œilleton laissant passer la vis de cette boussole.

Fig. 132.

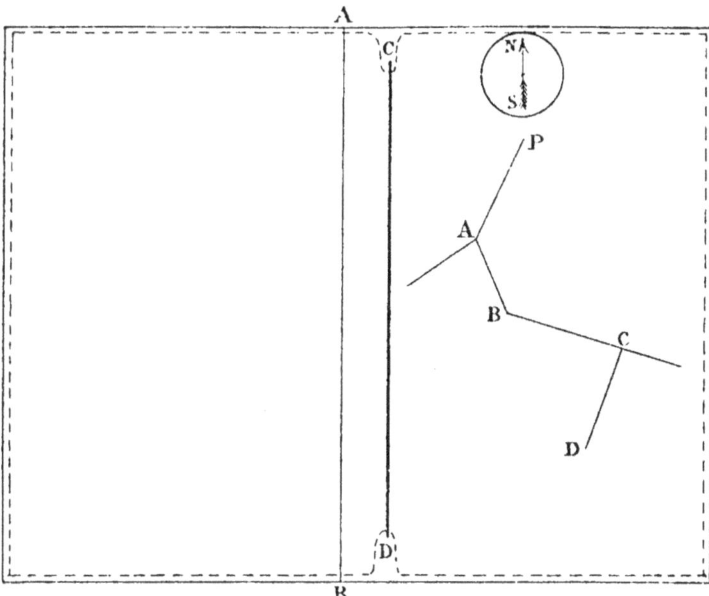

On la décline approximativement, connaissant la déclinaison du lieu, en faisant tourner vers l'Ouest la lettre N d'un angle égal à cette déclinaison. Le pointillé représente le bord de la feuille.

EXÉCUTION D'UN LEVÉ D'ITINÉRAIRE. — Le cartable étant préparé comme il vient d'être dit, on marque le point de départ P près de la boussole dans le haut de la feuille.

Mesure des distances. — On représente la route au-tour de ce point (bornes, maisons, ruisseaux, canaux, etc.), puis on chemine jusqu'à son premier change-ment de direction en mesurant la distance parcourue au double-pas (au pas du cheval ou podomètre, ou au trochéamètre).

On s'arrête, on fixe la boussole, *on fait face à l'axe du chemin parcouru*, et on met le plan formé par le point P et la ligne des boutons de sa tunique dans le prolongement de cet axe ; *mais comme on vise un che-min parcouru, on ne regardera pas la pointe bleue sur la lettre* N, *mais sur la lettre* S *de la boussole ;* puis on tire au crayon et vers soi une ligne parallèle à l'axe de la route parcourue et aboutissant au point P. On porte à partir de P, sur cette ligne, la distance évaluée PA. (On peut pour cela construire d'avance une échelle en doubles-pas.)

On continue de la sorte, en s'arrêtant aux tournants et aux bifurcations.

Lorsqu'on s'arrête pour amorcer une route qui ren-contre l'itinéraire, on trace la direction de cette route (qui n'est pas parcourue, mais qui est visée dans le sens direct) en mettant la pointe bleue sur N.

La planimétrie s'exécute donc ainsi au double-pas et avec la boussole-breloque.

Nivellement. — Le nivellement s'exécute en même temps. Il se fait par les pentes avec les clisimètres et, à défaut de ceux-ci, avec les niveaux improvisés.

On opère par intersection

Durant tout le trajet on trace du point où l'on est, en mettant la pointe bleue sur N, des lignes aboutis-sant aux points remarquables et culminants du terrain.

Soit un fragment de route *pqr* (*fig.* 133 et 133 *bis*), évalué à l'échelle des doubles-pas.

On vise de *p* les points α, β, de même de *q* et de *r*.

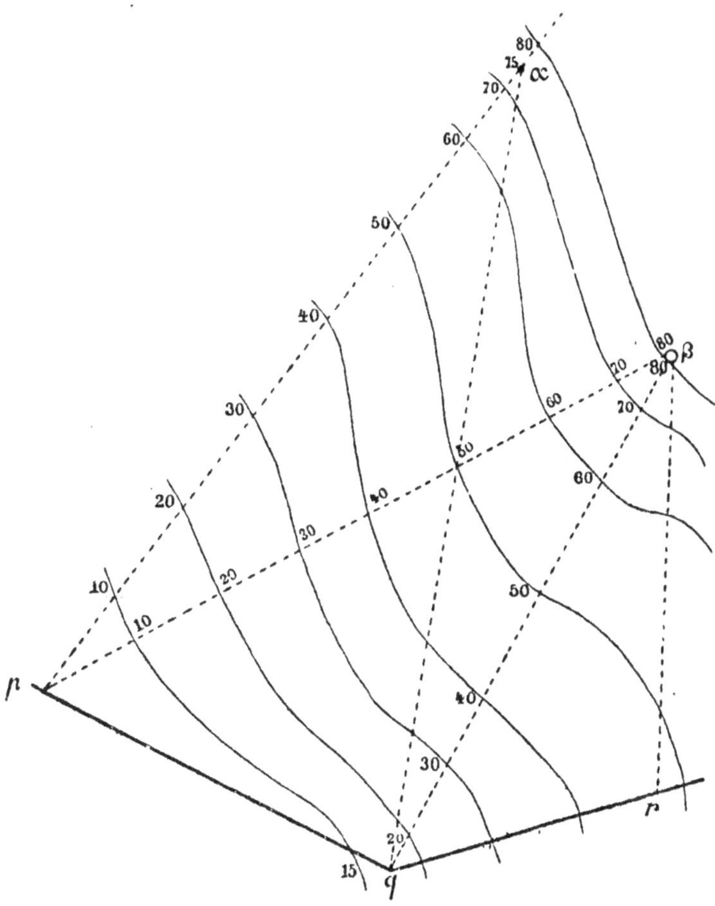

On détermine ainsi ces points et αβ est leur distance à l'échelle du levé.

On mesure au clisimètre les pentes

$$pq - qr - p\alpha - p\beta - q\alpha - q\beta - r\alpha - r\beta.$$

Si le point p est le point de départ dont on peut connaître la cote ou bien que l'on peut coter zéro, $p\alpha$ donnant la distance du point α au point p et de plus connaissant la pente, on en déduit la cote de α.

On obtient de même la cote de β.

(On en déduit encore la cote du point q, du point r, etc.)

Il est dès lors facile de représenter le terrain par des horizontales.

Supposons, en effet, que la cote de α soit de 75 mètres; celle de β de 90 mètres; celle de q de 15 mètres, etc., nous allons tracer les horizontales de 10 en 10 mètres.

Pour cela nous nous placerons en face du terrain à dessiner et nous tracerons entre p et α, sur $p\alpha$, sept amorces d'horizontales; nous en tracerons huit sur $p\beta$, six sur $q\alpha$, sept sur $q\beta$, etc., en les espaçant plus ou moins selon que le terrain nous paraîtra plus ou moins accidenté, et en mettant la cote sur chaque amorce.

On représentera ensuite le terrain en reliant entre elles ces amorces d'horizontales et en exécutant un véritable dessin d'imitation.

Dessins à mettre sur les côtés de la feuille. — Sur le côté gauche de la feuille, on représente les différents profils de la route avec leurs accidents, en longueur et en largeur.

Sur le côté droit, on dessine les châteaux, fermes, villages qui peuvent être utilisés pour des opérations militaires, en indiquant à côté les ressources qu'ils présentent, leur distance à la route, leur orientation, leur position au point de vue militaire.

Couleurs employées. — Les chemins sont figurés en traits de crayon noir, les constructions et maisons en rouge, les bois en vert, les eaux en bleu, les horizontales en bistre.

Il faut être muni d'un jeu de crayons de couleurs.

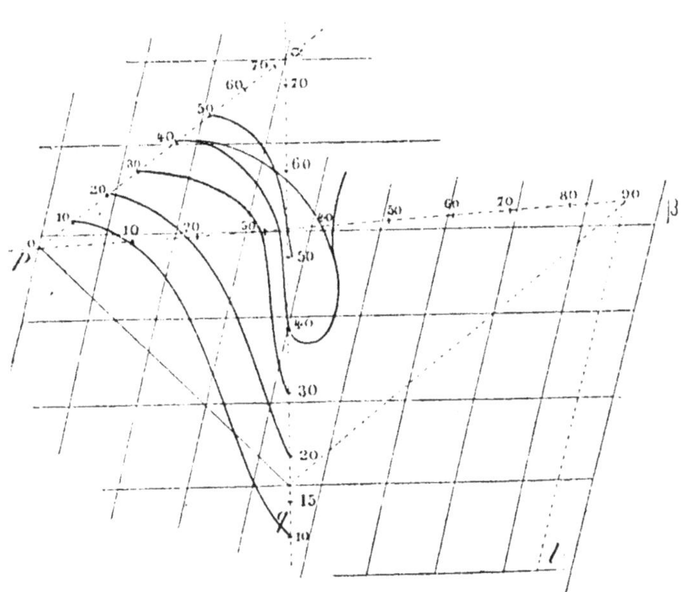

Fig. 133 *bis.*

REMARQUE. — Si la direction générale vient à changer dans le levé d'itinéraire, on arrête le dessin à une transversale, puis on fait tourner la ligne NS et cette transversale, de manière à placer convenablement le levé sur la feuille.

Donc, en résumé, la carte doit être accompagnée :

1º D'un profil en long de la route ;

2º De profils transversaux de celle-ci ;

3º De croquis des objets remarquables ;

4º De renseignements sur ceux-ci et sur leur utilisation au point de vue militaire.

Levés de mémoire.

Il peut arriver qu'il faille donner des indications sur un pays que l'on a parcouru, mais qui est devenu inabordable par suite de l'occupation par l'ennemi, ou bien à l'étranger ; par prudence, il faut se garder de dessiner dehors.

Dans ce cas, on classe dans sa mémoire les détails suivant l'ordre dans lequel ils se sont présentés et l'on s'aide au besoin, une fois rentré chez soi, de la carte du pays.

On essaye toujours de déterminer par la pensée un canevas sur lequel se rattachent les détails.

CAS OÙ LE PAYS N'A PU ÊTRE PARCOURU.

RECONNAISSANCE PAR LES PERSPECTIVES. — Il n'est plus possible, dans ce cas, de se servir des méthodes précédentes. Voici comment on opère :

On choisit, sur le terrain que l'on occupe, des stations P, Q, R, S... d'où l'on découvre le terrain occupé par l'ennemi, et telles qu'on puisse voir de deux ou trois d'entre elles une même portion de ce terrain. On les détermine sur le dessin par intersection, comme nous l'avons expliqué dans le cours de cet ouvrage, puis, se portant à ces stations, on détermine par intersection les points remarquables du terrain opposé et leurs altitudes.

On placera ensuite les détails entre ces points.

EXÉCUTION DE LA MÉTHODE. — Le levé, tel qu'il va être exécuté, nous donnera des *vues panoramiques* de la région, puis il nous permettra de *restituer* (1) ces vues de manière à pouvoir dessiner une projection plane (ou carte) du pays.

VUES PANORAMIQUES. — Ces vues panoramiques ou perspectives seront prises sur des surfaces verticales cylindriques.

Portons-nous aux stations P, Q, R, S... et figurons-nous ces surfaces cylindriques avec leurs rayons (*fig.* 134).

Supposons tracées sur ces surfaces les vues perspectives qui leur correspondent.

Fig. 134.

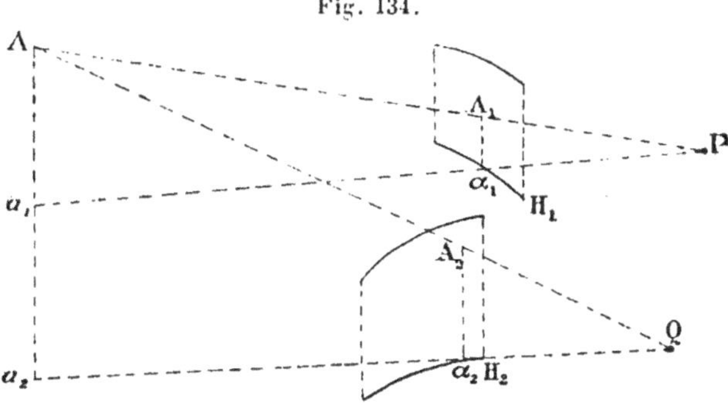

Soit A un point du terrain ; il se projette en a_1 et a_2 sur les plans d'horizon respectifs des stations P, Q ; ses perspectives A_1, A_2 (points d'intersection de PA, QA avec

___

(1) Voir plus loin ce qui est dit sur les vues panoramiques et leur restitution.

les surfaces cylindriques) se projettent en α_1, α_2 sur les lignes d'horizon H_1, H_2 (circulaires ou curvilignes) de ces surfaces.

RESTITUTION. — Si donc on projette le système ainsi formé sur le plan du dessin, on aura une carte sur laquelle $P\alpha_1$, $Q\alpha_2$ iront se couper en a, *restitution du point A (fig. 134 bis).*

Fig. 134 *bis.*

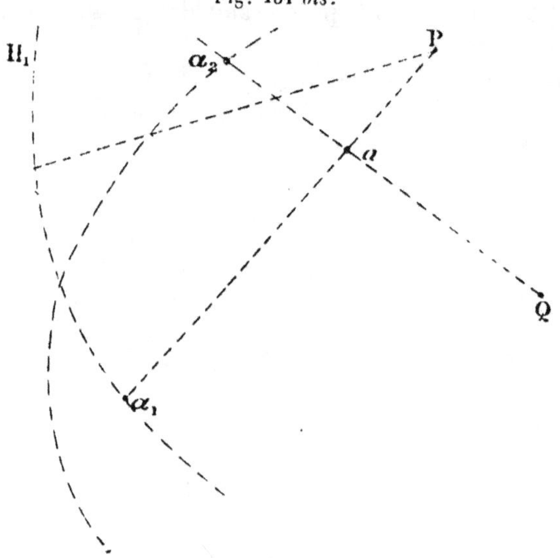

D'autre part, quelle que soit la station, le rapport $\dfrac{A_1\alpha_1}{P\alpha_1}$ est la pente de la ligne de visée. En multipliant cette pente par la projection Pa de PA sur le plan horizontal (mesurée sur la carte obtenue), on aura la différence de niveau entre P et A.

Pour exécuter un pareil levé, il faut donc :

1° Relever les positions relatives et les cotes des stations ;

2º Déterminer la ligne d'horizon de chaque surface verticale ;

3º Donner le rayon de cette surface ;

4º Donner pour chaque station l'azimut (1) d'un point remarquable et sa cote.

Pratique.

Vues panoramiques. — Ce qui précède donne la méthode. Pour la mettre en pratique, on se munit d'un niveau improvisé, d'une règle divisée en centièmes du bras tendu (il faut savoir la longueur du bras tendu), d'une planchette sur laquelle est fixée la feuille, enfin d'une alidade nivelatrice (s'il est possible) pour déterminer les stations P, Q, R, S... par intersection avec leurs cotes.

On commence donc par déterminer les stations P, Q. R, S... qui sont sur le terrain que l'on peut parcourir. On se porte en P. On prend comme surface verticale la surface cylindrique qui a pour rayon le bras tendu.

En chacune des stations P, Q, R, S... on choisit en face de soi un point origine O placé à peu près au centre du terrain à dessiner et se détachant facilement aux yeux de l'opérateur, de manière que l'on puisse lui rapporter les points principaux P, Q, R, S... (en distance et cote) du levé.

Ce sera, par exemple, un clocher, une cheminée élevée, etc.

____

(1) On appelle azimut d'un point O par rapport à une station P l'angle que fait le plan vertical passant par les points O et P avec le méridien du point P.

A l'aide du niveau improvisé, on détermine en chaque
station, sur le terrain ennemi, la ligne d'horizon ; on
choisit sur ce terrain les points remarquables x_1, x_2, x_3…
sur lesquels se greffent le relief et les détails du terrain.

Tenant sa règle graduée (en centièmes du bras
tendu) horizontalement, à bout de bras, on mesure en
chaque station et en divisions de la règle les distances
d_1, d_2, d_3 de chacun de ces points au point O, puis leurs
hauteurs h_1, h_2, h_3… en divisions de la règle au-dessus
de la ligne d'horizon (ou au-dessous).

Fig. 135.

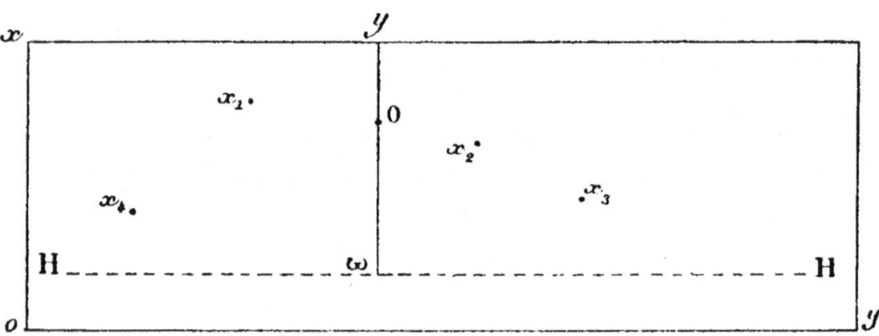

Cela fait, on prend sur la feuille un espace rectangulaire (*fig.* 135) sur lequel on porte à volonté le
point O en projection verticale de manière à permettre
de bien disposer le levé ; on connaît sa cote h ; on
place ensuite sur ce tableau les points x_1, x_2, x_3… à
droite ou à gauche du point O, suivant la position que
chacun occupe sur le terrain.

A cet effet, on peut considérer deux axes de coor-
données $y\omega$, ωx dont l'axe ωy passe par le point O, le
point ω étant sur la ligne d'horizon de la station où
l'on opère ; puis on établit sur ces droites un quadril-

lage dont les divisions sont des centièmes du bras tendu.

On conçoit ainsi qu'il sera facile de placer sur ce tableau les points $x_1, x_2, x_3\ldots$ dont on connaît les cotes h_1, h_2, h_3 (ordonnées) et les distances d_1, d_2, d_3 au point O (abscisses).

Lorsqu'on a ainsi placé les points remarquables, on place les détails, les lignes saillantes et caractéristiques des formes et du relief du sol. On obtient ainsi la vue panoramique du terrain vu du point P. On recommence la même opération en chacun des points Q, R, S.

RESTITUTION. — Pour opérer la restitution, on se reporte aux points P, Q, R, S..., obtenus par intersection, sur l'autre partie de la feuille dès le début des opérations.

On décrit autour de chaque point P, Q, R... un arc de cercle de grandeur voulue et ayant pour rayon le rayon même de la surface verticale. On représente la projection du point O sur chacun de ces arcs de cercle (*fig.* 136), puis, de chaque côté de ce point et sur chaque arc de cercle, on porte des divisions égales à l'arc sous-tendu par une division de la règle à bras tendu.

Or, sur le tableau rectangulaire desssiné en chaque station, les points $x_1, x_2, x_3\ldots$ sont définis par leurs distances, par rapport au point O, comptées en divisions de la règle tenue horizontalement. On détermine sur la carte ou restitution un point M défini en P par la division 14 (gauche) et en Q par la division 34 (gauche) en menant les lignes P. 14 (gauche), Q. 24 (gauche) qui se croisent en m, restitution de M. A côté de chaque point, on met sa cote déterminée comme il est dit plus haut, puis on reproduit les lignes caractéristiques du terrain en plaçant et restituant les points remarquables de ces lignes. On passe ensuite au tracé des horizontales en regardant le terrain à la longue-vue pour éviter les erreurs d'observation.

L'équidistance métrique est généralement de 10 mètres ; un pareil levé s'exécute avec une grande précision lorsqu'il est bien conduit.

REMARQUE. — Pour placer les points O_1, O_2, O_3... (*fig.* 136), il faut déterminer préalablement les azimuts du point O en chacune des stations P, Q, R, S...

Fig. 136.

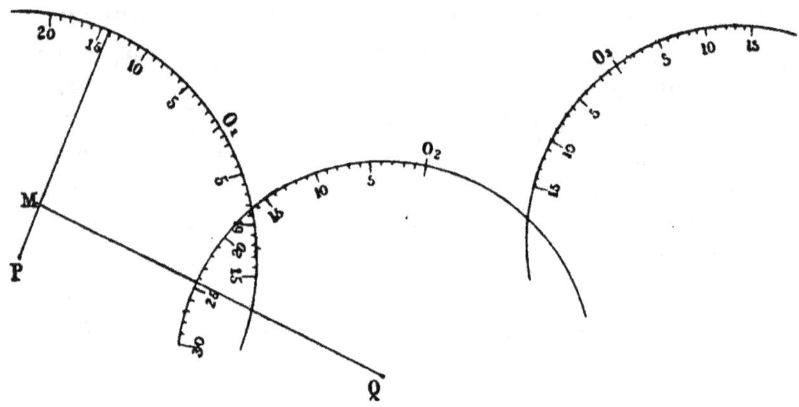

NOTA. — On peut encore dessiner le terrain de loin en employant la chambre claire du colonel Goulier.

Le principe de cet appareil consiste en un prisme à réflexion totale qui renvoie sur une feuille de papier l'image de la région à dessiner.

NOTA. — La photographie peut être employée de même à des restitutions du terrain ainsi qu'à l'exécution de levés exécutés d'une manière incomplète ou à la hâte.

Levés par renseignements.

Lorsqu'on ne peut employer aucun des procédés ci-dessus décrits, on opère par renseignements.

On interroge les paysans, les déserteurs, les prisonniers, les facteurs ; on se fait donner des renseignements sur les points culminants de la région, on essaye de s'en faire un canevas général, on greffe sur celui-ci les détails obtenus en plaçant d'abord la direction des routes, des ruisseaux, des canaux... obtenue en questionnant.

Puis on y rapporte les bâtisses, les fermes, les villages en s'aidant de la carte si l'on en tient une à sa disposition.

NOTA. — La topographie sert encore à dresser des plans détaillés des environs des places fortes, pour en faciliter l'attaque ou la défense ; il faut y relater les moindres plis de terrain et les moindres accidents du sol que puissent utiliser le défenseur ou l'assaillant.

Déclinaison de la boussole.

La déclinaison de la boussole variant en chaque point d'une région étendue, il est utile, dans certaines parties de cette région, de connaître l'angle du méridien du lieu avec le méridien magnétique.

A cet effet, il faut déterminer la direction de la méridienne du lieu.

Méthode des hauteurs correspondantes (fig. 137). — On sait que la méridienne bissecte l'angle des deux plans azimutaux correspondant à des hauteurs égales du soleil dans le voisinage des solstices.

On établit horizontalement une grande planchette sur laquelle on met un style percé d'un trou de 1 millimètre de diamètre.

Fig. 137.

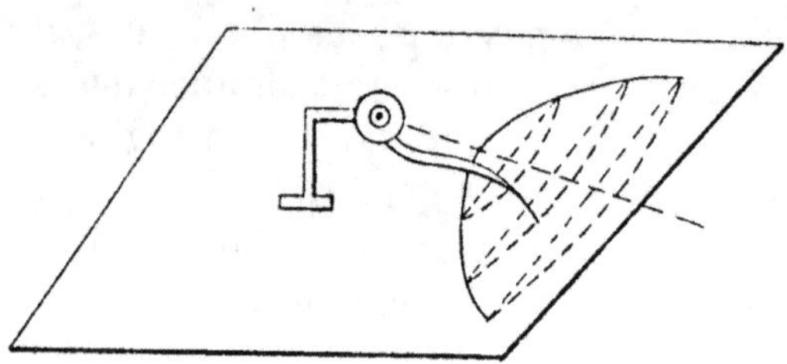

Les rayons solaires donnent par ce trou un point brillant dit *point d'ombre* ; sur l'ombre du style, son centre décrit une hyperbole. On marque le matin, à 10 heures, 10 h. 1/2, 11 heures, trois points par exemple ; le soir, à des heures équidistantes de midi, on en marque trois autres (à 1 heure, 1 h. 1/2, 2 heures).

On met la pointe d'un compas au centre du style, puis on décrit de ce centre trois arcs de cercle ayant pour cordes les droites parallèles passant par les points équidistants de midi ; en joignant les milieux de ces cordes, et en faisant passer par le point moyen de ces milieux une perpendiculaire à leur direction, on a la méridienne.

REMARQUE. — On peut opérer de même avec la règle à éclimètre et la petite planchette.

On cale et on oriente la planchette avec le déclinatoire ; on dirige la lunette sur le soleil de manière à recevoir sur une feuille blanche son image et celle du disque photomicrographique en avant de l'oculaire qu'on met au point pour avoir une image nette, puis on cale la règle au niveau.

Quand le centre du soleil marque un nombre entier de grades choisi, on bissecte son image par le trait AB (*fig.* 93) et on trace un trait de crayon sur le biseau de la règle. On a ainsi la direction de la méridienne.

QUATRIÈME PARTIE

NOTIONS GÉOLOGIQUES UTILES AUX TOPOGRAPHES

UTILITÉ DE LA GÉOLOGIE. — La géologie est l'étude des différentes phases qui ont présidé à la formation de l'enveloppe terrestre et à la constitution actuelle de cette enveloppe.

Connaissant les ressources que l'on peut trouver dans le sol d'une région, et sachant aussi quelle est la constitution du terrain sur lequel on se trouve, il est permis de prévoir le parti que l'on peut en tirer tant au point de vue militaire qu'au point de vue industriel.

L'ingénieur connaissant la nature du terrain sait où rechercher les matériaux ; il connaît la solidité du sol et sa résistance, il peut donc y asseoir, y placer les constructions, tracer les voies de communications, les routes, les chemins de fer ; il sait la direction qu'ils doivent suivre ; il peut éviter les remblais, les tranchées si coûteuses en terrain rocheux.

Le militaire connaissant les ressources d'un pays se rend compte facilement de la possibilité d'y faire vivre et stationner des troupes, de les disposer sur le terrain dans une attitude défensive ; il peut prévoir quels sont les travaux de sape dont l'exécution ne souffrira pas de trop grandes difficultés.

THÉORIE DE LAPLACE. — Le savant physicien Laplace suppose que, par suite d'un refroidissement progressif, le système solaire aurait formé une nébuleuse animée d'un mouvement de rotation sur elle-même, et que celle-ci aurait peu à peu accru son enveloppe autour d'un noyau incandescent (hypothèse du feu central) par suite de la condensation des vapeurs de cette atmosphère brûlante au contact d'une atmosphère liquide.

L'enveloppe terrestre, sous l'influence incessante des pressions des vapeurs produites par le feu central, serait soumise à des soulèvements et, partant, à des mouvements ondulatoires auxquels on attribue la formation de la plupart des accidents du sol.

Architecture de la terre.

Mers et Continents. — Le globe terrestre est couvert d'eau sur 70 p. 100 de son étendue.

Les terrains émergents sont appelés *continents* et ceux-ci sont baignés par les mers.

Celles-ci les ont découpés, échancrés, divisés.

Les continents sont doués des formes les plus bizarres et les plus diverses. Ainsi l'Europe et les Amériques ont des formes complètement différentes.

Il arrive souvent que le continent se morcelle et laisse en pleine mer des îles.

Quelquefois celles-ci prennent naissance par l'accumulation des coraux.

Reliefs et Dépressions. — On remarque dans tout continent :

Les *plaines* et les *bassins*, parties peu élevées au-dessus de la mer ;

Les *plateaux* plats ou ondulés, mais d'une altitude supérieure à 300 mètres ;

Les *terrasses*, plateaux étagés ;

Les *collines* et les *montagnes ;*

Les *montagnes* peuvent avoir dans leurs alignements plusieurs formes d'ensemble qui sont :

1º La forme linéaire......

2º La forme parallèle..... Jura

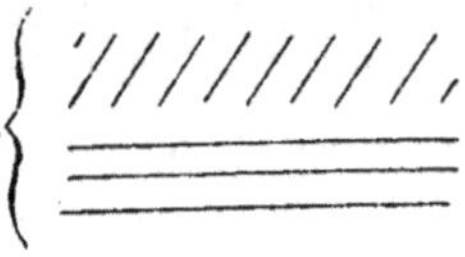

3º La forme transversale. Pyrénées

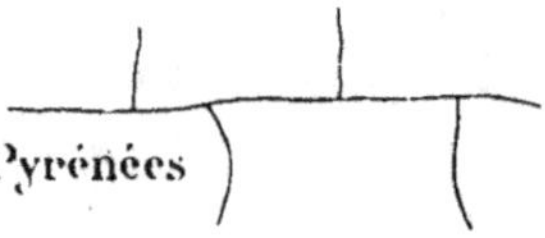

4º La forme diagonale... Oural

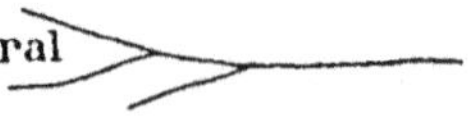

5º La forme radiale...... Cantal

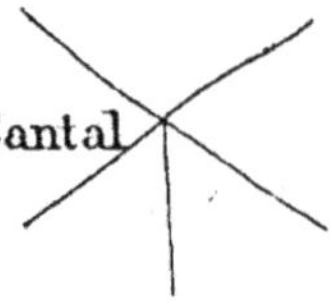

6º Une consistance vague et confuse (Alpes du Tyrol).

Dans une chaîne de montagnes simple, les versants sont inégalement inclinés ; le plus abrupt fait face à la plus forte dépression.

Dans les chaînes composées, les échelons s'élèvent en crémaillère.

Forme de la terre. — La terre est sphéroïde, c'est-à-dire qu'elle a la forme d'une sphère aplatie dans les régions avoisinant ses pôles.

Constitution de la terre.

NATURE DE SES MATÉRIAUX.

La croûte du globe terrestre est constituée par les terrains.

Terrains. — On appelle *terrain* toute masse minérale que caractérisent sa construction, sa forme et sa disposition.

Roches. — L'élément constitutif du terrain est la roche.

Minéraux. — On donne le nom de *minéraux* aux corps simples que l'on rencontre dans la nature.

Ce sont les éléments constitutifs des roches.

CLASSIFICATION DES MATÉRIAUX.

Il y a trois classes de terrains :

I. *Terrains primitifs* ou *cristallophylliens*.	Terrains dépourvus de restes organiques. — Roches cristallisées et feuilletées. — Formés dès le début. — Ont des formes mouvementées.
II. *Terrains éruptifs* ou *massifs*.	Provenant du noyau central en fusion ; ils sont interposés entre les couches des autres terrains. — Roches feuilletées, cristallines, irrégulières, fendillées, sans restes organiques.

III. *Terrains sédimentaires* ou *stratifiés.*	Formés par dépôt et sédimentation. — Roches terreuses, en couches parallèles superposées appelées *strates*. Contiennent des restes organiques.

En étudiant les formes et les restes organiques (fossiles) des terrains sédimentaires, on a pu les classer d'après l'époque à laquelle ils ont dû se produire. (Le mot *époque* comprend ici une période d'un plus ou moins grand nombre de siècles.)

TERRAINS SÉDIMENTAIRES — Ils se divisent en terrains :

1º *Moderne, tertiaire* ou *néozoïque;*

2º *Secondaire* ou *mésozoïque;*

3º *Primaire* ou *paléozoïque.*

C'est à l'aide de recherches et d'études spéciales qu'on a pu reconnaître la présence des divers terrains que nous avons énoncés précédemment dans les diverses régions du globe.

On a figuré les zones d'affleurement de ces terrains sur les cartes des pays étudiés; l'on a obtenu ainsi leurs cartes géologiques.

On a de plus accompagné celles-ci de coupes des diverses contrées sur lesquelles on a figuré, par des teintes, les couches des divers terrains que l'on y rencontre.

Minéralogie.

La minéralogie ou étude des roches a permis de reconnaître la nature du sol d'une région quelconque du globe.

Cette science est basée sur l'étude des propriétés physiques et chimiques des minéraux.

Parmi les propriétés physiques on étudie : la *densité*, la *couleur*, la *phosphorescence*, les *propriétés électriques*.

Parmi les propriétés chimiques on étudie : l'*action des acides sur les minéraux* (surtout l'action de l'acide azotique); les résultats donnés par *l'essai au chalumeau* à l'aide d'un corps tel que le borax, qui facilite la fusion du minéral étudié.

Enfin, la minéralogie utilise surtout les remarques faites sur les formes cristallines des roches, elle en a fait une classification (qui dans certains cas permet de les reconnaître de prime abord); puis, elle essaie d'en déduire approximativement et parfois même complètement la nature d'une roche en étudiant ses *caractères extérieurs* qui sont :

1° *La forme;*

2° *La cassure.* Elle peut être unie, inégale, en esquilles;

3° *La texture.* C'est l'arrangement intime des molécules; elle peut être en lamelles, fibreuse (comme la viande), grenue, compacte;

4° *La structure.* C'est le mode d'association de parties assez étendues pour avoir chacune leur texture propre; elle peut être stratoïde ou en bandes concentriques de couleurs variées, schisteuse ou feuilletée, cellulaire avec cavités de formes diverses;

5° *La dureté* ou résistance de la roche à se laisser rayer;

6° *La ténacité* ou résistance à se laisser briser par le marteau;

7° *La couleur.*

Division des minéraux.

Les minéraux se divisent en :

1º *Minéraux quartzeux* où la silice domine ;

2º *Minéraux silicatés, à base de silicate d'alumine* (argile) ;

3º *Minéraux silicatés peu ou point alumineux.*

1º Parmi les minéraux quartzeux on remarque :
Le *quartz*, l'*agate*, le *jaspe*, le *silex*.

2º Parmi les minéraux silicatés à base de silicate d'alumine on remarque :
Le *feldspath orthose*, la *sanidine*, le *petunzé*, le *pétrosilex*, les *feldspathoïdes*, la *leucite*, puis les *micas* et enfin les *argiles* qui sont : le *kaolin* ou *argile à porcelaine*, l'*argile plastique* ou argile à faïence plastique, l'*argile figuline* pour terres cuites, les *argiles smectiques* pour la briqueterie. Cette série renferme encore le *talc*.

3º Parmi les minéraux peu ou point alumineux on remarque :
Les *calcaires*, la *chaux*, le *calcaire oolithique* dont la cassure est granulée, le calcaire *saccharoïde* dont la cassure est celle du sucre, la *chaux sulfatée* ou *gypse*.

Nota. — Nous donnons, à la fin de ce recueil, quelques renseignements permettant de reconnaître les différents minéraux dont nous citons les noms.

Roches.

Les roches ont pour éléments constitutifs les différents minéraux.

On distingue les roches simples et les roches composées.

Les roches caractérisent les terrains auxquels elles appartiennent.

Les roches simples sont formées d'un seul minéral; « ainsi le sable est formé de quartz », c'est une roche simple.

Les roches composées sont formées de plusieurs minéraux; « ainsi le granite est composé de quartz, de feldspath et de mica », c'est une roche composée.

Roches simples. — On distingue :

1º Les roches quartzeuses;

2º Les roches calcareuses.

Roches composées. — On distingue :

1º Les roches cristallophylliennes qui affectent des formes cristallines;

2º Les roches cristallines ;

3º Les roches détritiques.

Provenance des roches. — Les roches proviennent des divers terrains, elles sont donc :

I éruptives, II détritiques, ou III sédimentaires.

I. — ROCHES ÉRUPTIVES.

Les roches éruptives renfermant plus de 65 p. 100 de silice sont dites *acides;* les autres sont dites *basiques.*

Les roches éruptives acides les plus connues sont :

Le *granite,* le *granite à mica blanc,* le *granite chloreux* (à teintes vertes), le *kaolin,* les *roches porphyriques.*

Les roches éruptives basiques les plus connues sont :

La *diorite*, les *diabases*, les *mélaphyres*, les *serpentines*, le *basalte*, les *laves à feldspathoïdes*.

II. — ROCHES DÉTRITIQUES.

Ce sont les dépôts meubles tels que les *sables*, les *graviers*, les *cailloux*, les *galets;* les conglomérats tels que les *marbres*, les *pierres réfractaires;* les *grès quartzeux*, *verts*, *ferrugineux*, les *pierres de meules à aiguiser;* les *argiles;* les *marnes;* le *limon*.

III. — ROCHES SÉDIMENTAIRES.

Les roches sédimentaires sont des variétés de roches détritiques, formées par sédimentation. Leur ensemble comprend les variétés les plus diverses des roches calcareuses.

Disposition des terrains sur l'écorce terrestre.

TERRAINS SÉDIMENTAIRES.

Les terrains sédimentaires sont disposés en couches ou *strates*.

Les *strates* sont d'épaisseur et de consistance variables.

Elles se composent de feuillets minces, peu étendus, et de lits qui sont des couches meubles peu consistantes.

Les feuillets qui composent une strate sont de couleurs diverses et composés d'éléments différents.

Disposition des strates. — Les strates peuvent être parallèles (horizontales ou inclinées).

Si elles sont inclinées avec un seul pli, elles sont *monoclinales* (*fig.* 138).

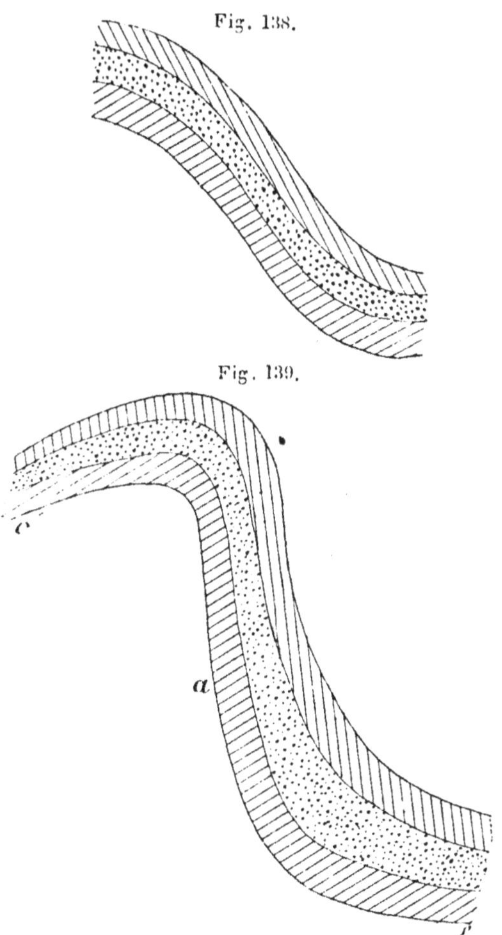

Fig. 138.

Fig. 139.

Si elles sont inclinées avec double pli (*fig.* 139), les

strates descendantes *ab* forment un ploiement *syn-clinal*, les strates montantes *ac* forment un ploie-ment *anticlinal*.

Lorsque ces ploiements sont exagérément répétés, on a les strates *ondulées* et les strates en *zigzag*.

Fig. 140.

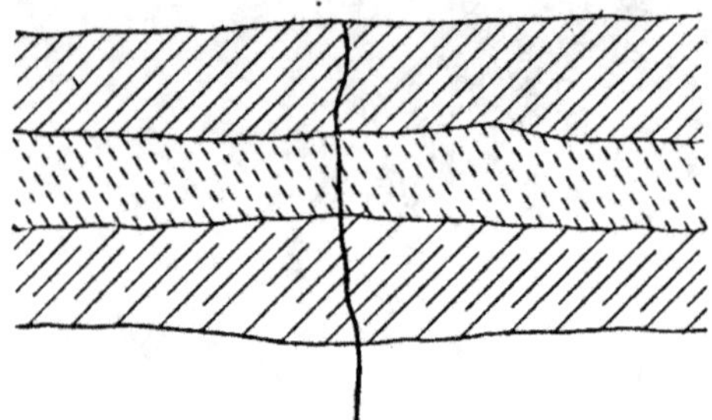

Fig. 141.

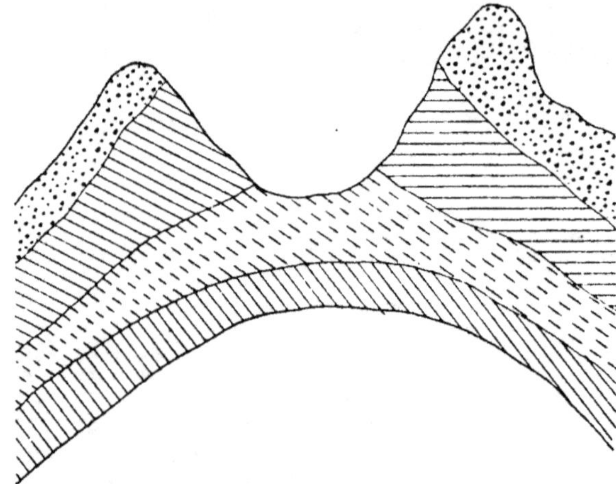

Deux systèmes de couches stratifiées peuvent avoir des directions différentes ; dans ce cas la *stratification* est *discordante*.

Si les systèmes sont parallèles, la *stratification* est *concordante*.

Fractures des strates. Les fractures des strates sont :
1° *Le joint (fig. 140).*
2° *La faille (fig. 142).*

Fig. 142.

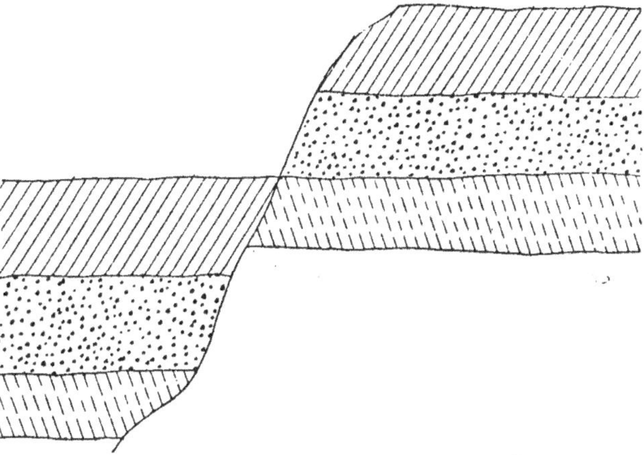

Fig. 143.

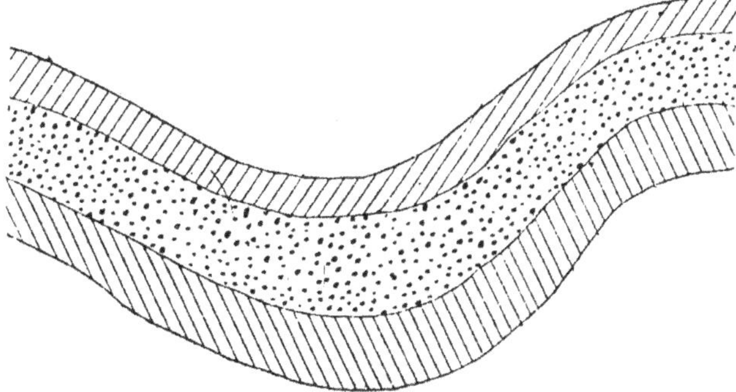

C'est un glissement de la strate; il est quelquefois

suivi d'un mouvement de dévers, qui fait que les feuillets ne conservent plus la même direction.

Les fractures avec dévers ont donné naissance aux
vallées anticlinales (*fig.* 141), ainsi qu'aux vallées d'af-
faissement (*fig.* 143).

TERRAINS ÉRUPTIFS.

Ce sont pour la plupart des masses de forme cristal-
line, intercalées entre des terrains de nature diffé-
rente.

Ces masses ont leurs racines dans la croûte terrestre
et forment des filons éruptifs ou dykes.

TERRAINS PRIMITIFS.

Les roches de ces terrains sont cristallines et strati-
formes ; elles ne contiennent que rarement des débris
d'autres roches.

Phénomènes naturels.

Les phénomènes naturels sont soumis à deux sortes
d'agents :

1º Les *agents intérieurs ;*
2º Les *agents extérieurs.*

AGENTS INTÉRIEURS.

Nous avons émis l'hypothèse d'un feu central ; on
sait, en effet, qu'elle est favorisée par cette remarque
que la température augmente à mesure qu'on descend
à l'intérieur de la terre.

Les agents intérieurs sont la cause de certains phénomènes, qui sont les suivants :

Phénomènes d'éruption. — Les volcans sont des proéminences en relation avec le noyau igné, qui laissent échapper de celui-ci des substances gazeuses, liquides ou solides.

Les volcans se manifestent par des exhalaisons gazeuses, le bouillonnement de la lave, des tremblements de terre, des crevasses, des coulées de lave, phénomènes qui modifient le relief du sol.

On a cherché (M. Julien) à montrer que l'infiltration souterraine des eaux amène une évaporation qui, au contact du feu central, donne une pression telle que la croûte terrestre se soulève et se rompt.

Oscillations du sol. — On prétend que le déplacement des rivages, dans certaines contrées, est dû à des oscillations lentes du sol dont les causes probables sont : ou bien le feu central, ou bien le mouvement de rotation du globe sur lui-même, ou bien la combinaison de ces deux causes, etc.

Tremblements de terre. — Ces secousses si rapides que subit l'écorce terrestre ont une vitesse qui varie de 200 à 900 mètres par seconde. On les rapproche des oscillations lentes du globe. Elles agissent considérablement, par leur violence, sur les modifications si fréquentes que subissent les formes du terrain.

AGENTS EXTÉRIEURS.

Les agents extérieurs travaillent par *dénudation* et par *sédimentation*.

Dans le premier cas, ils désagrègent les roches solides ; dans le second cas, ils emploient les débris ainsi formés pour modifier en d'autres points le relief du sol.

Ces agents sont :

La *circulation des eaux :* on sait que celle-ci est souterraine, ou bien à la surface du sol, ou bien aérienne
(pluies, neige).

Les sources, les rivières, les fleuves, les courants
marins et sous-marins, les pluies, les orages, les glaciers modifient, on le sait, l'aspect des diverses régions
terrestres.

La mer exerce une action continue sur le littoral.

Les glaciers, en glissant sur le flanc des montagnes,
entraînent des cailloux avec lesquels ils strient et po-
lissent les roches de leur fond. Ils reçoivent sur leurs
bords les débris tombés des pentes et forment des *moraines latérales;* ceux qu'ils charrient sur leur front
forment leur *moraine frontale.*

Le vent produit une modification dans le relief du
sol, témoin les dunes de sable qu'il soulève.

L'acide carbonique de l'air, l'acide azotique produit
par les orages, les êtres organisés qui vivent à la surface de la terre et lui empruntent ses matériaux pour
vivre, prennent une part énorme aux transformations
que subissent les accidents que l'on remarque sur le
globe terrestre.

Dénudation.

Les agents extérieurs, tels que le vent, la pluie, le
soleil, le froid, l'écoulement des eaux, etc., modifient
d'une façon lente et puissante le relief du sol.

La rivière, le torrent qui minent peu à peu les berges
sur leur parcours en entraînent au loin des éléments
infiniment petits, en suspension dans leurs eaux, et
modifient peu à peu leurs formes et leur tracé; il en
est de même de l'écoulement des eaux de pluie sur les

pentes; celles-ci déversent les pluies sur le point le plus bas et de là elles s'écoulent en se frayant un chemin par une vallée d'érosion.

Sédimentation.

Comme la dénudation, la sédimentation se fait par voie mécanique.

Action de la mer et des lacs. — La mer et les lacs arrachent peu à peu à la côte ses éléments, et les usent continuellement par l'oscillation ininterrompue des flots, pour les transformer en galets arrondis, graviers, etc.

Les galets sont déposés en couches sur la côte, les débris plus ténus gagnent le large et forment des îlots ou des *cordons littoraux.*

Exemple : Le Frische Haff et le Kurische Haff dans la mer Baltique.

Action des cours d'eau. — Les cours d'eau font de même un triage des éléments qu'ils transportent.

Les cailloux restent à la partie supérieure de leur cours, les menus débris viennent former à leur embouchure des *deltas* dont la surface est un cône très aplati.

Ces alluvions traînées par les cours d'eau sont des amas d'argiles, des sables, des cailloux arrondis.

Action des glaciers. — Les moraines tracées sur les flancs et sur le front des glaciers sont de même des sédiments, appelés aussi *sédiments erratiques.*

Les eaux souterraines et les pluies, bien qu'elles agissent par dénudation, transportent, avons-nous dit, les éléments qu'elles arrachent aux roches pour les déposer plus loin en couches sédimentaires.

Le vent, lorsqu'il transporte de la poussière d'un point sur un autre, agit de même.

Disons enfin que les animaux et les végétaux, qui transportent et détruisent les éléments qu'ils empruntent au sol, agissent encore par sédimentation.

Ainsi la houille est le résultat d'une combustion lente de certaines fougères.

Les calcaires, les coraux, les invertébrés ont formé des amas énormes aux différentes époques géologiques ; c'est là encore un phénomène de sédimentation.

COUP D'ŒIL GÉOLOGIQUE SUR LA FRANCE.

Etudions :

I. La croûte primitive supposée débarrassée des formations postérieures à la sienne.
II. La disposition des sédiments.
III. Les dislocations et éruptions.

I.

La croûte terrestre présente en France trois bosses, qui sont :

1º Le Plateau central ;
2º Les montagnes de l'Armorique (nord-ouest) ;
3º Les Ardennes et les Vosges.

Le Plateau central porte, au sud, un manteau de terrains jurassiques.

Ces terrains sont oolithiques et liasiques. On y trouve des *calcaires oolithiques*, des *calcaires très durs*, des *marnes*, des *grès*. Toutes ces roches portent de nombreux débris ainsi que de fréquentes traces de fossiles.

II.

L'Armorique est en partie recouverte de terrains primaires ; il en est de même pour les Ardennes ; mais cette couche primaire est située au nord de leur massif.

En Provence et en Corse, les montagnes sont en partie constituées par des masses granitiques.

L'Armorique, le Plateau central et les Ardennes forment un triangle au centre duquel se trouvent les masses sédimentaires du bassin parisien.

On remarque, de Paris à la Moselle, sept crêtes concentriques dont la présence indique nettement la marche suivie par l'érosion, dans ce bassin, de terrains jurassiques, crétacés et tertiaires.

Le bassin du Rhône et le bassin d'Aquitaine constituent deux autres masses sédimentaires.

III.

Les géologues font descendre des dislocations terrestres la formation des Pyrénées et des Alpes. Les premières sont bordées au nord par le Plateau central, les secondes sont bordées à l'ouest par le même Plateau ; c'est dans l'intervalle des Alpes et du Plateau central que coulent le Rhône et la Saône.

On prétend que, dans la dislocation relative aux Alpes, les couches soulevées auraient rencontré au plateau de Langres une résistance inférieure à celle du reste du Plateau central, et que le refoulement se serait propagé en une série de mouvements ondulatoires à travers les couches superficielles sédimentaires, pour former le soulèvement plissé en fractures parallèles du Jura. D'autre part, des dislocations de second ordre se sont manifestées.

Ainsi, d'après les géologues, les Vosges et la Forêt Noire, qui formaient dans les temps reculés une sorte de voûte, auraient rompu la clef de celle-ci pour former à la place de leur bombement la plaine d'Alsace, où coule le Rhin.

Les éruptions ont dû être fréquentes dans les Vosges, l'Estérel, le Plateau central et l'Armorique, et rares dans les Pyrénées et les Alpes.

Elles ont produit des coulées de roches cristallines.

Contrées géologiques.

PLATEAU CENTRAL.

Nature du terrain. — Roches primitives (*granite, gneiss, micaschistes*) et roches éruptives (*granites porphyroïdes*).

Région volcanique au centre et granitique au sud.

Le bord du Plateau est formé par une ceinture continue de terrains jurassiques.

ARMORIQUE.

Nature du terrain. — Roches primitives avec *por-*

phyres quartzeux, combinés aux terrains primaires.

Le pays est sillonné par un bassin qui va de Brest aux environs de Chartres.

Ce bassin porte une dépression dont le centre renferme une série de plis synclinaux et anticlinaux.

VOSGES.

Nature du terrain. — Terrains granitiques et schisteux, riches en roches éruptives.

Il y a des soulèvements gréseux (*grès des Vosges*).

ARDENNES.

Nature du terrain. — *Schistes ardoisiers* et *quartzites* entremêlés de *calcaires*. Bois et marécages.

Le sol est plissé par de molles ondulations.

ALPES DE PROVENCE.

Nature du terrain. — Terrain primitif, mélangé à des *porphyres*, des *mélaphyres*, etc.

ALPES FRANÇAISES.

Nature du terrain. — Les chaînes alpines sont des *massifs schisteux* et *gneisseux* sur lesquels s'appuient des *grès* et des *bandes tertiaires*.

Les chaînes subalpines sont formées de terrains crétacé, jurassique et tertiaire.

JURA.

Nature du terrain. — C'est un massif jurassique coupé

par des affleurements de terrain crétacé vers le nord.

Il est formé de chaînons parallèles.

PYRÉNÉES.

Nature du terrain. — L'axe de la chaîne est un massif de terrains anciens.

Le versant espagnol est sédimentaire.

On y rencontre des granites, des micaschistes, des terrains crétacés.

Ces montagnes ont la structure transversale.

BASSIN DE PARIS.

Le bassin de Paris est encaissé dans quatre zones jurassiques.

C'est le terrain *calcaire oolithique* par excellence, des *calcaires blancs* et *jaunâtres*.

On y rencontre du terrain jurassique vers Boulogne-sur-Mer et du crétacé dans le pays de Bray.

Le pays de Caux est un terrain de craie marneuse fertile ; la craie blanche de Champagne est stérile.

La Brie et le Soissonnais sont sillonnés par une falaise de *sables* et d'*argiles*, de *calcaires grossiers*, de *gypse*, de *marnes*, de *meulières*.

CINQUIÈME PARTIE

ÉTUDE DES FORMES DU TERRAIN

Le mot *forme* englobe ici tous les accidents que l'on rencontre à la surface du sol.

Le but du topographe est défini par leur étude et par leur représentation sur les plans et sur les cartes des régions explorées, en ayant soin de joindre à ce plan les éléments nécessaires pour figurer le relief du sol.

C'est ce que nous avons exposé dans nos méthodes de levés.

DÉFINITIONS. — *On appelle* MAMELON *une élévation de terrain qui s'abaisse également de tous côtés (fig. 144).*

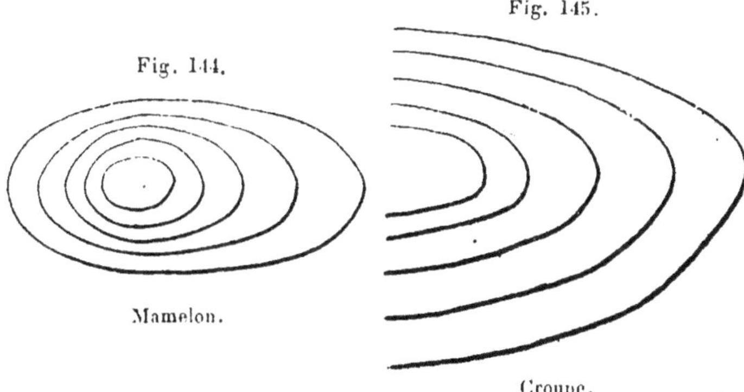

On appelle CROUPE *une élévation de terrain constituée*

par deux versants qui se réunissent suivant une ligne de faîte (fig. 145).

Croupe et mamelon constituent des hauteurs.

On appelle VALLÉE *une dépression formée par deux versants qui se réunissent suivant une ligne de pente appelée* THALWEG *(fig. 146).*

Fig. 146.

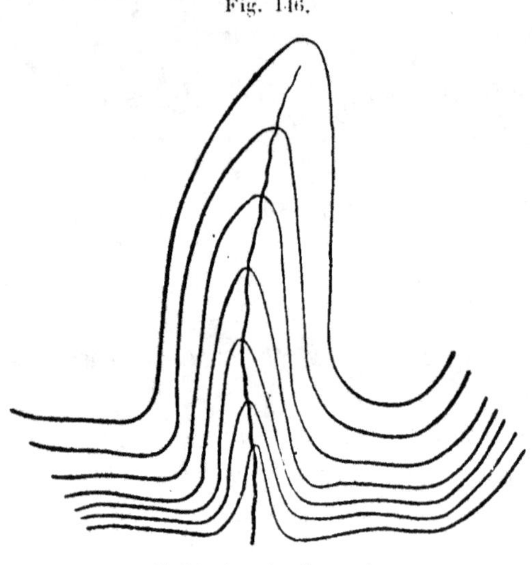

Vallée (courbe d'amont).

Le fond d'une vallée peut être concave, plat et même convexe.

Les versants des vallées n'ont pas toujours une pente unique ; ils se composent d'éléments échelonnés AB, BC..., EF, qui se raccordent en BC...E, suivant des *lignes de changement de pente (fig. 147).*

On distingue, en général, deux directions principales dans les pentes des versants ; ce sont : AD, DF.

A partir du point A, la vallée plonge suivant la

direction principale AD, puis en D elle change de direction suivant la direction principale DF.

Fig. 147.

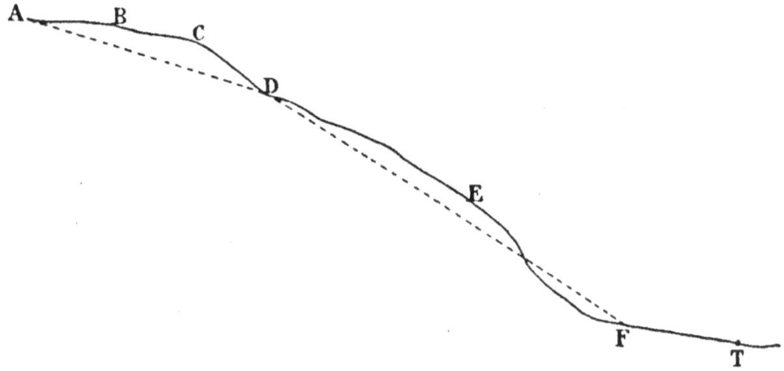

Le versant AD *s'appelle* VERSANT RASANT.

Le versant DF *s'appelle* VERSANT PLONGEANT.

La crête projetée en A *est la* CRÊTE PRINCIPALE *ou* TOPOGRAPHIQUE.

La crête projetée en D *est la* CRÊTE MILITAIRE *du versant.*

Parfois *on remarque, sur le versant d'une vallée, une échancrure circulaire dont les pentes sont très raides. Cette échancrure s'appelle* CIRQUE.

On appelle VALLON *toute vallée qui prend naissance dans une vallée principale et dépend de celle-ci.*

Les VALLONNEMENTS *sont des accidents du terrain que l'on peut appeler diminutifs des vallons.*

Lorsque plusieurs vallons viennent se réunir en un même point du flanc d'une vallée, ils forment une PATTE D'OIE (*fig.* 148).

REMARQUE. — On distingue dans une vallée : le BASSIN D'AMONT, qui se trouve à son origine ; et le BASSIN D'AVAL, qui se trouve vers son débouché.

Tout cirque situé sur le flanc d'une vallée s'appelle CIRQUE DE FLANC.

Fig. 148.

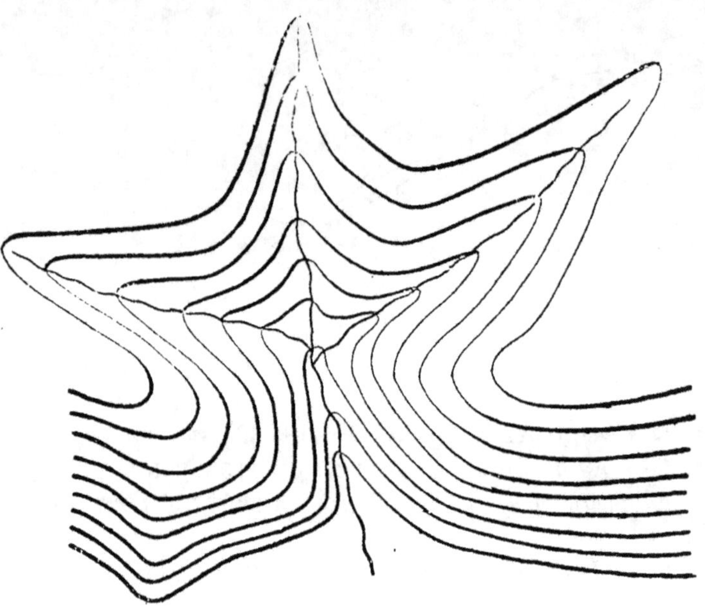

Patte d'oie.

Tout cirque situé dans son bassin d'amont s'appelle CIRQUE D'AMONT.

Nous dirons d'une manière générale que le bassin d'amont est : ou bien un vallon appelé COMBE D'AMONT, ou bien un CIRQUE D'AMONT.

On appelle VAL *d'une vallée le canal d'écoulement des eaux de cette vallée.*

Son extrémité aval est un CÔNE DE DÉJECTION (au pied d'un torrent) *ou un* DELTA (à l'embouchure d'un fleuve).

On appelle COL *le point le plus bas de la ligne de faîte d'une croupe qui descend pour se relever (fig.* 149 *et* 150).

Fig. 149.

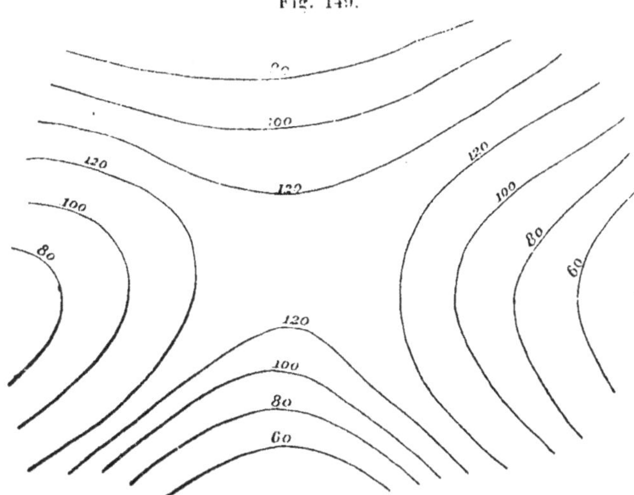

Col à vallonnements adossés.

Fig. 150.

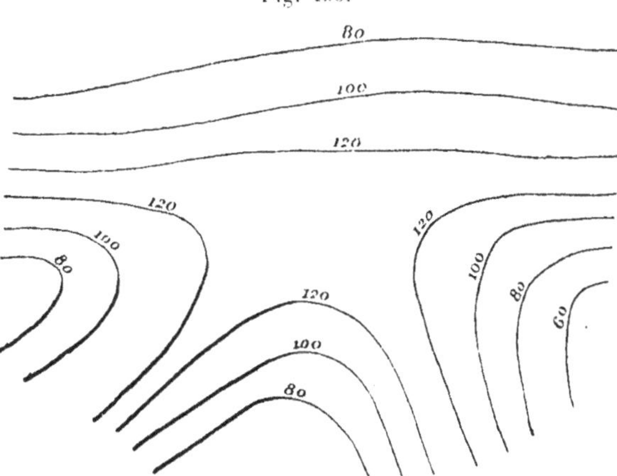

Col à un seul vallonnement.

En un col aboutissent des vallonnements. Ceux-ci peuvent être adossés comme dans la figure 149, ou bien il peut n'y avoir qu'un vallonnement unique comme dans la figure 150.

Quand le thalweg d'une vallée descend, puis se relève, le fond de la vallée constitue un bassin fermé, barré par un SEUIL.

Contrées orographiques.

On distingue :

1° *Les pays de plaine ;*
2° *Les pays de plateaux ;*
3° *Les pays de montagnes.*

DÉFINITIONS. — *On appelle* PLAINE *un terrain plat, peu élevé au-dessus du niveau de la mer.*

On appelle PLATEAU *un terrain presque plat, plus élevé que le reste de la contrée.*

On appelle COLLINE *une éminence de 50 mètres d'altitude au moins.*

Les diminutifs des collines sont : les MONTICULES, *les* ÉMINENCES, *les* TERTRES, *les* BUTTES, *les* MOTTES.

Les autres petits accidents du sol sont : les PLIS DE TERRAIN, *les* RIDEAUX, *les* COTEAUX.

On appelle MONTAGNES *les hauteurs à fort relief séparées par de fortes dépressions.*

Nous avons vu, dans les notions de géologie, que les chaînes sont : linéaires, parallèles, transversales, diagonales, radiales.

Cours d'eau.

L'énorme quantité d'eau diluvienne tombée à la

surface du sol traverse plus ou moins les terres qui le recouvrent. Elles viennent ensuite se concentrer aux points les plus bas des pentes et donnent naissance aux cours d'eau.

Lorsque le sol est imperméable, les pluies restent à la surface et y forment des étangs, ou bien descendent sur les pentes en y creusant les vallées ravinées de ruisseaux qui ne sont pas toujours pérennes.

Lorsque le sol est perméable, les plateaux restent secs ainsi que les vallons. Les cours d'eau y sont rares, mais ils sont de longue durée et leurs eaux ne sont plus rapides comme dans les terrains imperméables, mais, au contraire, calmes et tranquilles.

Influence de la nature du terrain sur les cultures. — Les terrains perméables sont favorables à la culture de la vigne : ils se dessèchent vite ; les terrains imperméables, au contraire, sont favorables au développement des prairies.

Un sol perméable drainé par un sous-sol perméable permet une culture facile et constitue des terrains fertiles (Picardie, Vexin, Beauce).

Ces terrains seront constitués, pour le sol, par de la terre végétale (celle-ci étant formée de *sable*, de *craie*, d'*argile* et d'*humus* dans des proportions variables, mais limitées), et, pour le sous-sol, par de la *craie*.

Si, au contraire, le sous-sol est imperméable (*grès ferrugineux*), les pluies donnent des flaques marécageuses qui rendent le sol stérile (Landes).

Disons de plus que le climat et les accidents du sol contribuent pour une bonne part à la fertilité d'une région.

Causes des formes du terrain.

Les formes du terrain sont le résultat d'un ensemble de phénomènes dont les causes sont très variées. Ce sont :

1° Les ruines, qui tombent des roches ; les murailles gréseuses, granitiques, calcareuses, qui, sous l'action des phénomènes extérieurs (gelée, vent, pluie, soleil), s'éboulent le long des pentes ;

2° L'écoulement des eaux, qui viennent miner les falaises, les saper peu à peu de manière à laisser leur partie supérieure en surplomb jusqu'à ce qu'elle s'éboule ; les fleuves, qui arrachent un à un les matériaux de leurs berges ; les torrents, qui roulent des débris de rochers jusqu'à la plaine, où ils les dispersent sur un cône de déjection ; les pluies, qui façonnent les versants et rassemblent les terres qu'elles leur enlèvent suivant un glacis qui les prolonge en pente douce ; les plantes, dont les racines bouleversent le sol et qui lui empruntent les éléments nécessaires à leur développement ;

3° Les glaciers, qui glissent sur le flanc des montagnes et tracent leurs moraines ; l'érosion de la mer, le sapement des falaises par l'action de ses flots, les débris qu'elle arrache à la côte ;

4° Les dislocations, les tremblements de terre, les éruptions volcaniques, les sources chaudes, les geysers.

Tous ces phénomènes qui bouleversent les éléments répartis à la surface du globe, qui en modifient l'ordre et la disposition, doivent être connus du topographe afin qu'il puisse reconnaître, dans l'étude d'une région,

les causes qui ont pu amener à la surface les couches
géologiques qu'il y rencontre et produire les accidents
si variés qui tourmentent les formes du terrain.

Exécution du figuré du terrain.

En général, le modelé des parties basses commande
le modelé des parties élevées.

Pour exécuter le figuré d'un terrain, il faut d'abord
se placer dans les parties basses.

Puis tracer les lignes principales.

A savoir :

Les thalwegs des vallées, les lignes de fin de pente
des versants plongeants, les lignes de commencement
de pente des mêmes versants, les lignes de fin de
pente des versants rasants, les lignes de faîte des
croupes, des plateaux, puis marquer les cols, les sommets.

Pour figurer le modelé, dessiner d'abord les versants
plongeants des vallées, des vallons, des mamelons et
des croupes en commençant par le bas.

Puis, dessiner le val ; observer s'il est plat, concave
ou convexe.

Modeler ensuite les versants rasants en remontant
aux cols et aux sommets.

Il faut bien remarquer :

*Que les horizontales des versants rasants ont des bri-
sures plus arrondies que celles des versants plongeants ;*

Que les vallons peuvent se ramifier jusqu'aux cols ;

*Que les cols doivent être dessinés, comme nous l'avons
montré, en traçant les horizontales qui peuvent être con-
sidérées comme asymptotes des horizontales voisines en*

*projection : ce sont les horizontales cotées 120 (fig. 149
et 150) ;*

*Que, sur leurs lignes de faîte, les plateaux ont des
horizontales plus arrondies que les fonds de vallées.*

COUP D'ŒIL SUR LES PROPRIÉTÉS GÉOLOGIQUES

DES CONTRÉES.

On classe les contrées naturelles en :

1º Contrées granito-primitives ;

2º Contrées éruptives (porphyriques, volcaniques) ;

3º Contrées sédimentaires (calcaires, gréseuses, sablonneuses, argileuses).

1º CONTRÉES GRANITO-PRIMITIVES. — Sol en sable granitique, sous-sol imperméable, ruisseaux nombreux,
prairies.

Les cultures sont : le seigle, le sarrasin, le châtai-
gnier, le chêne, le hêtre.

Les escarpements sont rosés ou rouges.

Les vallons et les vallées sont contournés et cro-
cheteux.

2º CONTRÉES ÉRUPTIVES :

a) *Porphyriques.* — Escarpements rouges verdâtres,
crénelés, aigus ;

b) *Volcaniques.* — Aspect désolé, pentes moins
raides ou en gradins.

Dans ces contrées, les terres sont presque stériles.

3º CONTRÉES SÉDIMENTAIRES :

a) *Calcaires.* — Terrain fissuré, perméable par ses

Topogr.   11.

fissures, sources claires. Escarpements blancs ou jaunâtres. Nombreux cirques dans les vallées. *Exemple :* cirque de Gavarnie.

Les terrains de simple calcaire sont arides, les terrains de calcaire, d'argile et de sable sont riches.

Routes boueuses en hiver, défoncées ; poussiéreuses en été.

Matériaux de construction faciles à se procurer.

b) *Gréseuses et sablonneuses.* — Ces contrées ont beaucoup d'analogie entre elles. Les pentes sont généralement douces, les formes sont arrondies ; la perméabilité varie avec les fissures.

Terrains stériles, sauf pour la végétation des forêts (pins, sapins, bruyères, fougères).

La vigne bien protégée y pousse.

c) *Argileuses.* — Sol imperméable à formes molles. Terres froides, favorables aux prairies, marneuses.

Sol boueux, glissant ; chemins peu solides, faciles à défoncer.

Note sur le dessin topographique.

EXÉCUTION D'UN DESSIN TOPOGRAPHIQUE.

Cette opération comprend :

1º *Le dessin d'une minute au crayon sur le terrain ;*
2º *La mise à l'encre, le tracé des lettres moulées ;*
3º *L'exécution des teintes conventionnelles ;*
4º *Les accessoires et l'achèvement.*

1º Le dessin au crayon sur le terrain s'exécute avec un crayon dur en mine de plomb, taillé avec une pointe très fine. Il demande du soin et de l'habitude. Il faut tracer des traits fins, ne laissant pas de sillon dans le papier.

2° La mise à l'encre se fait à l'encre de Chine. On emploie des compas et des plumes très fines ; on s'aide de la règle et de l'équerre. On efface avec une gomme douce.

3° Les teintes conventionnelles exigent que le papier ait été préparé d'avance pour enlever les poussières et les traits de crayon inutiles. On gomme d'abord la feuille, puis on y passe une légère couche d'eau. Ensuite on passe les diverses couleurs, qui sont :

Le *violet*, pour les vignes ;

Le *vert clair*, pour les prés ;

Le *vert*, pour les bois ;

Le *bleu*, pour les eaux ;

Le *carmin*, pour les constructions ;

Le *noir*, pour les routes, les clôtures ;

Le *bistre*, pour les hachures des fossés et pour les hachures figurant les pentes ;

La *terre de Sienne*, pour les horizontales.

4° Ensuite on place des traits de force, on passe les lettres à l'encre, on trace le cadre, la rose d'orientation, on met les titres et l'échelle.

Les lignes de constructions, parfois les canevas mêmes, se font en traits de carmin.

Les horizontales se tracent par traits continus.

Pour faciliter la lecture du terrain, on dessine en traits plus gros une horizontale sur cinq. Ainsi, par exemple, on fera en traits fins les horizontales 10, 20, 30, 40, et en trait fort l'horizontale 50.

Les petits talus sont indiqués par des hachures, les grands talus sont figurés par des horizontales avec lignes de fin et de commencement de pente.

Les horizontales sont tracées sur le plan des villes et des communes. Dans un levé quelconque, les courbes de niveau sont arrêtées au bord des routes ; sur celles-ci, elles sont remplacées par les horizontales de la route situées dans le même plan. Ce sont des éléments de lignes droites.

Les routes sont représentées à leur échelle, sauf dans les levés à très petite échelle, où l'on convient de leur donner toujours 1 millimètre de largeur.

Les routes départementales sont figurées avec double trait pour chaque bord ; les voies de communication sont figurées à l'aide de deux traits simples.

Sur les routes nationales, les arbres sont représentés par des points verts.

Les sentiers sont figurés par un trait unique.

Les lignes de démarcation entre les champs et les vignes sont faites par un trait mince d'encre de Chine.

Les lettres sont tracées à l'encre de Chine, sauf celles qui ont rapport aux eaux (on les trace en bleu).

Règle du quart. — Une fois un terrain représenté par des horizontales, on pourrait en faire le figuré par l'emploi de teintes graduées à l'encre de Chine passées sur les intervalles qui existent entre les courbes de niveau.

Les cartes actuelles sont faites différemment.

Considérons les horizontales d'un terrain, supposons-les presque parallèles. Entre les deux premières, intercalons des carrés curvilignes dont les côtés sont perpendiculaires aux courbes, puis divisons ces carrés en 4 parties égales par des traits égaux.

Nous aurons appliqué la loi du quart (*fig.* 151).

Lorsque la distance entre deux horizontales sera

inférieure à 2 millimètres, on fera ces traits d'autant plus gros qu'elles seront plus rapprochées.

On conçoit ainsi qu'on épaissira la teinte sur les pentes raides.

On figure donc bien ainsi les formes du terrain.

Fig. 151.

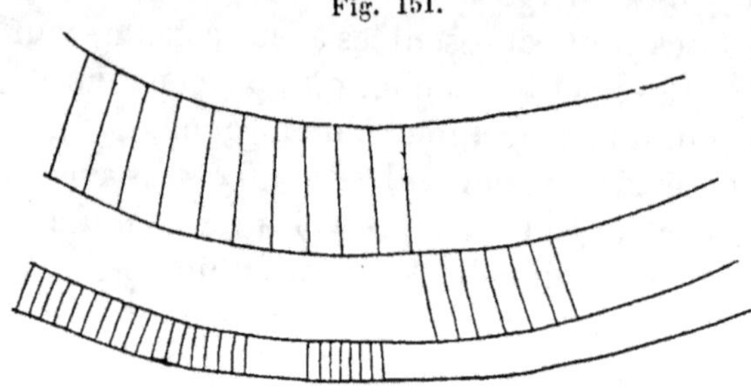

Il faut encore pouvoir appliquer la méthode lorsque les courbes élargissent leurs intervalles.

A cet effet, on complète ceux-ci par des courbes intercalaires. Ainsi, pour la figure ci-dessous, on trace

Fig. 152.

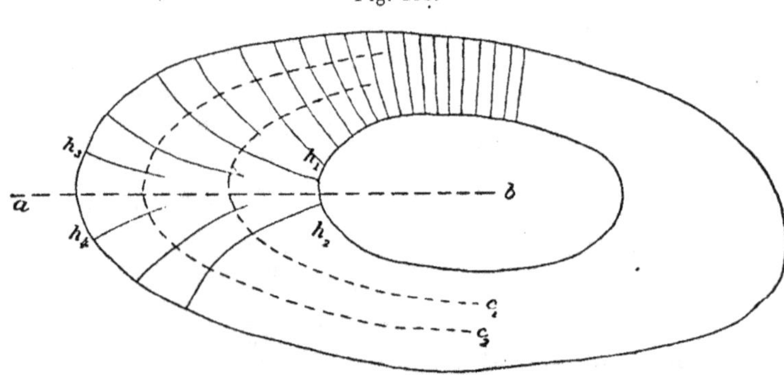

la ligne de faîte de la croupe ab, puis on introduit les courbes intercalaires c_1, c_2 ; ensuite, de part et d'autre de *ab*, on trace les hachures courbes h_1, h_2 normales aux horizontales et aux courbes intercalaires, puis on en trace d'autres, h_3, h_4, h_5, h_6, dans leur intervalle, de manière à bien rendre en cet endroit l'épanouissement de la croupe. Ensuite, on continue les hachures de part et d'autre de manière à se raccorder par des hachures courbes, puis progressivement rectilignes, aux hachures rectilignes que l'on a déjà tracées (*fig.* 152).

La figure 153 montre comment on peut représenter approximativement le modelé d'une ravine. De même,

Fig. 153.

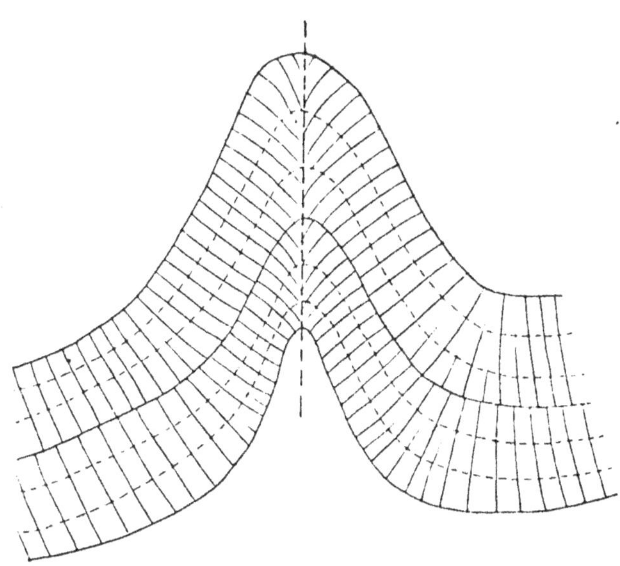

la figure 154 donne une idée de l'emploi des horizontales asymptotoïdes et des intercalaires correspondantes C_1, C_2 pour représenter un col, en supposant que

l'on ait déterminé la ligne de faîte et la ligne de thalweg qui s'y croisent.

Fig. 154.

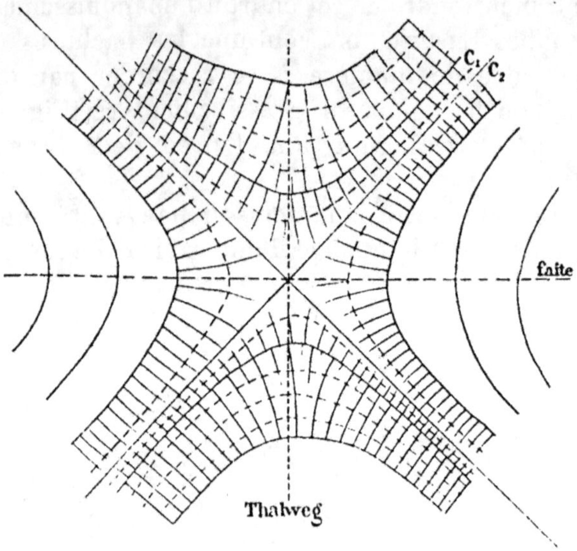

NOTE COMPLÉMENTAIRE

Signes caractéristiques des minéraux.

MINÉRAUX QUARTZEUX.

Quartz. — Formes cristallines en pyramides hexago-
nales.
> Transparent, biréfringent, cassure vitreuse.
> Se trouve dans les grès.

Agate. — Translucide, parfois incolore, souvent multi-
colore et rubanée.
> Se trouve dans les terrains jurassiques.

Jaspe. — Analogue à l'agate, mais opaque.

Silex. — Parfois rubané, couleur terne, se trouve en
rognons translucides sur les bords.
> Se rencontre dans les terrains secondaires et
tertiaires.

MINÉRAUX SILICATÉS À BASE DE SILICATE D'ALUMINE.

Feldspath orthose. — Il peut être blanc, rouge, rouge
clair ou verdâtre.
> Les acides ne l'attaquent pas.
> Se trouve dans les roches granitiques.

Sanidine. — Gris clair, éclat vitreux, aspect fendillé.
> Se trouve dans les roches trachytiques.

Pétunzé. — Structure en lamelles.
> Se trouve dans les roches granitiques.

Pétrosilex. — Compact, esquilleux, translucide sur les bords.

> Se trouve dans les roches porphyriques.

Leucite. — Attaquable par les acides. Gris clair, vitreux, cassure concentrique.

Micas. — Lames élastiques, d'aspect brillant, cristalloïde ; infusibles, attaquables par les acides. Tendres, rayées par l'ongle.

> Se trouvent dans les granites, les gneiss...

Kaolin. — Blanc, fait pâte avec de l'eau ; se vitrifie lorsqu'on le cuit avec du feldspath.

> Se trouve dans les terrains granitiques.

Argile plastique ; argile figuline. — Font pâte avec l'eau. Séchée, cette pâte devient sonore.

> Se trouvent dans les terrains secondaires et tertiaires imperméables.

Argile smectique. — Se lie mal avec l'eau, happe à la langue.

> Se trouve dans les terrains jurassiques.

Talc. — Violacé ou vert tendre. Onctueux au toucher, infusible.

> Se trouve en feuillets dans les terrains schisteux.

MINÉRAUX PEU OU POINT ALUMINEUX.

Chaux. — Incolore ; transparente à l'état pur (spath d'Islande).

> Doublement réfringente.
> Se trouve dans les roches calcaires.

Calcaire oolithique. — Cassure granulée, avec ciment calcaire.

> Se trouve dans les terrains jurassiques.

Calcaire saccharoïde. — Cassure du sucre. Couleurs bigarrées. Marbres.

Se trouve dans les terrains primaires.

Gypse. — Blanc ou à teinte jaune clair, clivable en lamelles minces. Pierre à plâtre.

Se trouve dans les terrains tertiaires, secondaires ou triasiques.

Roches.

ROCHES ÉRUPTIVES ACIDES.

Granite. — Renferme du quartz en gros grains vitreux.

Granite à mica blanc. — Il renferme du mica blanc très abondant.

Ces deux variétés se trouvent dans les terrains primitifs et sédimentaires.

Kaolin. — Pàte à porcelaine; c'est une argile.

Roches porphyroïdes. — Ces roches renferment du quartz et du feldspath. Elles sont de couleurs variées.

On en trouve dans les gîtes stannifères des Vosges, du Plateau central, du Morvan, des monts de l'Estérel.

ROCHES ÉRUPTIVES BASIQUES.

Diorite. — Aspect du porphyre.

Diabase. — Couleur vert franc.

Ces variétés se trouvent en Bretagne et en Corse.

Mélaphyres. — Pâte compacte, aspect du porphyre.

Se trouve en Bohême.

Serpentines. — Roches feldspathiques.

Se trouvent en Bretagne, dans les Pyrénées.

Basaltes. — Roches noires, esquilleuses, dures comme l'acier.

Se trouvent au mont Dore.

Laves à feldspathoïdes. — Roches compactes, vitreuses, scoriacées. Feldspathoïdes.

Se trouvent près du Vésuve.

ROCHES DÉTRITIQUES.

Ces roches font partie des terrains primaires ou des terrains volcaniques, des terrains gréseux, des terrains sédimentaires.

ROCHES SÉDIMENTAIRES.

Ces roches représentent, dans leur ensemble, les variétés les plus diverses des roches calcareuses.